프랑크푸르트

괴테와 박물관의 도시

차례
Contents

프랑크푸르트 의 다양한 얼굴

교통의 중심

항공편으로 독일에 오는 사람들은 대개 프랑크푸르트를 거
치게 되어 있다. 또 유럽의 다른 도시를 가는 사람들도 이곳에
서 비행기를 바꿔 타는 경우가 많다. 프랑크푸르트 공항은 유
럽에서 두 번째로 큰 공항이기 때문이다. 여객 수송은 런던 히
드로 공항 다음이고, 화물 운송은 유럽 제 1위를 차지한다. 프
랑크푸르트의 주민수가 서울의 한 구민수와 엇비슷한 65만 명
이라는 것을 생각하면 프랑크푸르트 공항은 그에 걸맞지 않는
큰 규모의 것이라 할 수 있다. 그렇지만 이 작은 도시가 담당
하는 국제적인 기능에는 여러 가지가 있다.

프랑크푸르트 공항에 도착하면 유럽연합의 시민이 부럽다는 생각이 들 것이다. 이들은 다른 유럽연합국가의 공항과 마찬가지로, 패스만 보여주고 바로 공항을 빠져나가기 때문이다. 한국 사람이 여권을 보여주기만 하고 통과하는 국제공항은 없다. 우리는 여권을 출입국 관리 직원에게 보여주고 혹 트집이라도 잡지 않나 약간의 조바심을 가지고 기다려야 한다. 이것은 육로로 유럽연합국가의 경계를 넘어설 때도 마찬가지다. 유럽연합 국가 시민들은 입국 심사대를 그냥 슬슬 지나가는데, 나머지 국가 사람들만 긴 줄을 서서 여권을 보여주고 심사대를 통과하는 것이 약간은 민망하기도 하다.

그래도 공항은 나은 편이다. 나만 꼼꼼히 체크당하는 것이 아니기 때문이다. 버스를 타고 유럽연합 경계를 들어서는 경우, 혹 운이라도 나쁘면 다른 사람들은 가만히 놔두고 노란 얼굴의 내 여권만을 보자고 할 때는 속이 상하기도 한다. 이런 일을 겪으면 얼른 잊어버리는 것이 상책이다.

프랑크푸르트 도심에서 약 10킬로미터 정도 떨어진 프랑크푸르트 공항은 그 자체가 작은 도시라고 할 수 있다. 숙소, 병원, 쇼핑센터, 그리고 온갖 생활 편의 시설들이 갖춰져 있기 때문이다. 뿐만 아니라 공항을 에워싼 육상교통 또한 편리하게 구성되어 있다. 전국으로 향하는 고속도로 망이 공항 주위에 촘촘히 얽혀있고, 공항 역사의 지하에서는 전국 각지로 이어지는 기차를 바로 탈 수 있다. 역사 안에서 에스컬레이터를 타고 지하로 내려가면, 거대한 지하 도시가 펼쳐진다. 이곳에서는 유럽 각국으로 가는 기차나 독일의 다른 도시로 가는 기차, 또는 프랑크푸르트 시내로 가는 근거리행 기차(S-Bahn)도 바로 탈 수 있다. 이것은 우리의 인천 공항에 비하면 특히나 부러운 것인데, 남한테 물어보지 않고도 공중에 걸려있는 표지판을 보고서 바로 자기가 탈 기차를 알 수 있을 정도로 프랑크푸르트는 독일뿐 아니라 유럽 교통의 요충지이다.

기차여행을 해도 프랑크푸르트를 거쳐 가는 경우가 많다. 프랑크푸르트는 독일 철도 동맥의 중심이기 때문이다. 지도상으로 보면 프랑크푸르트는 얼추 독일의 중심에 놓여 있다. 그래서 제2차세계대전 후에 임시 수도로 정해지기도 했지만, 당시 수상이던 아데나워의 영향력으로 본에게 빼앗겼다. 또 1990년 통일 직후에도 유력한 수도 후보로 대두되었지만, 이번에는 베를린에게 그만 뺏기고 말았다.

물론 독일에서의 수도 이전을 둘러싼 논쟁은 우리와는 다르다. 제2차세계대전 패전 후 독일은 본을 임시 수도로 정하고, 통일이 되면 프로이센의 수도인 베를린으로 가기로 결정이 되어 있었기 때문이다. 베를린으로 가는 것을 반대했던 사람들은 주로 좌파 진영 사람들인데, 이들은 두 가지 정치적 이유를 들었다. 하나는 베를린은 독일 제국주의의 중심지였기 때문이라는 것, 그리고 다른 하나는 베를린을 수도로 정하게 되면 폴란드와 아주 가깝기 때문에 동구 사람들에게 국경선 분쟁에 대한 불안감을 줄 수 있다는 것이었다. 이 좌파 진영 사람들은 아예 본을 통일 독일의 수도로 정하자는 사람들과,

독일 정치사에서 중요한 의미를 지니고 있는 프랑크푸르트로 정하자는 사람들로 나뉘어져 있었다. 결국 독일 국회에서 정당을 넘어선 자유투표를 한 결과, 전쟁 전의 수도였던 베를린으로 가자는 쪽이 승리했다.

역 부근은 마약과 홍등가 구역

공항에서 내려 근거리 기차를 타고 오면 대개 프랑크푸르트 중앙역에 내리는 경우가 많다. 중앙역이라고 하는 이유는, 작은 도시기는 하지만 여러 개의 기차역이 시내에 있기 때문이다. 이 프랑크푸르트 중앙역은 독일이 본격적인 산업화를 시작하던 시기인 19세기 말에 건축된 매우 아름다운 역사적 건물로, 당시의 건축술을 잘 말해준다.

근거리행 기차는 중앙역 지하에서 탈 수 있다. 역사 내에서 에스컬레이터를 타고 내려가면 거대한 지하 역사가 나타나는데, 이곳에서 근거리 기차와 지하철을 바로 탈 수 있다. 원거리 기차와 다른 나라로 가는 기차들은 중앙역의 지상에 정차한다. 이 장거리행 기차는 중앙역의 건물 안으로 들어와 손님을 태우고 나서, 기관차를 맨 뒤에 바꿔 달고 출발한다. 즉, 진행 방향이 완전히 반대로 되는 것이다. 기차를 타고 다른 곳으로 가는 경우라도 이 역에 대개 10분 이상 머물기 때문에 정차시간을 이용하여 역사를 잠시 감상할 수 있다. 플랫폼이 25개 정도 되기 때문에 플랫폼 번호를 기억해야 함은 당연하다.

아름다운 프랑크푸르트 중앙역 입구.

대개의 역 주변이 다 그렇듯이 프랑크푸르트 역사 주변도 마약과 홍등가로 유명하고, 그렇기 때문에 당연히 범죄도 자주 발생한다. 이곳 도둑들도 눈 깜짝할 사이에 가방을 들고 사라지는 경우가 적지 않기 때문에, 역 주변에 오면 반드시 가방에 신경을 써야 한다. 부자 나라에 무슨 날치기가 있을까 하고 방심했다가는 큰 낭패를 당하기 십상이다. 어느 역이든 공항이든 가방에서 눈을 떼서는 안 될 것이다.

역대 모든 프랑크푸르트 시장들은 마약과 마약 관련 범죄 때문에 골머리를 썩였다. 마약을 사기 위해 범죄를 저지르는 경우가 많았고, 마약을 과도하게 복용하여 역 부근에서 시체로 발견되는 경우도 적지 않았으며, 또 이들이 역 주변에서 구걸을 하거나 범죄를 저지르기도 했기 때문이다. 이들 마약 중독자들은 중앙역 부근과 그곳에서 조금 떨어진 갈루스안라게 부근에 주로 모여 약물을 투입하고 어슬렁거렸기 때문에 미관상으로도 좋지 않은 경우가 많았다.

물론 미국이나 우리 나라와 달리, 독일은 네덜란드 등과 마찬가지로 마약에 대해서 비교적 관대한 편이다. 마약을 술과 담배와 마찬가지로 습관성 식료로 보기 때문에 그 해악 면에서도 술, 담배, 마약은 별반 차이가 없다고 생각한다. 다행히 이제는 몇 해 전에 사민당이 프랑크푸르트 시정을 집권했을 때 마약 범죄를 줄이기 위해 내놓은 혁신방안의 효과를 보고 있다. 즉, 누구든 마약이 필요한 사람은 무료로 마약을 얻을 수가 있다. 단 이때는 경찰과 담당 공무원의 입회하에 의사가 건강 진단을 하고, 건강이 허락하는 만큼 흡입하는 것을 허용했다. 그 결과 마약을 무리하게 투약하여 생긴 사망률이 급격히 떨어졌고, 마약 구입을 위해 저지르던 범죄도 많이 줄어들었다.

역 주변의 홍등가도 유명하다. 오래 전부터 이 지역의 성매매행위는 당국으로부터 묵인되어왔다. 즉, 법률로는 성매매 행위가 금지되어 있지만 단속은 하지 않았다. 그러다 몇 해 전에는 성매매도 하나의 직업으로 인정을 받게 되어, 그 결과 성매매자도 연금 혜택을 받을 수 있는 길이 열리게 되었다. 또 이들 성매매자들은 노동조합을 결성하여 그들의 건강과 이익 보호를 위해 노력하고 있다. 이들은 또한 손님을 모으기 위해서 개인 홍보 팸플릿을 만들어 배포하기도 한다.(물론 길거리에서 나누어 주는 것은 아니다) 전체적으로 보면 성매매 행위가 줄어들고 있는데, 그것은 섹스가 우리보다 훨씬 자유로운 사회적 분위기가 크게 작용한 결과일 것이다.

알려져 있다시피 독일에서의 섹스는 다른 유럽 국가와 마찬가지로 개인의 문제이다. 물론 혼전에 동거를 시작하여 서로 만족스러우면 결혼을 하고 그렇지 않으면 헤어진다. 독일에서의 이혼율 30%는 법률상으로 이혼하는 것만을 말하는 것이지, 동거하다가 헤어지는 경우는 포함되어 있지 않다. 즉, 동거까지를 포함하면 그 비율은 아주 높다.

또, 다른 나라와 마찬가지로 독일에는 간통죄가 없다. 바람을 피우든 말든 그것은 부부간의 문제이지 국가가 관여해야 할 범죄 행위가 아니라는 것이다.(단, 현행법으로 1년간 별거를 하면 이혼 사유가 된다) 동거나 결혼 형식을 거치지 않은 섹스도 자유로운데, 굳이 사창가를 맴돌 필요가 없는 것도 사창가의 규모를 줄어들게 만든 이유이다. 에이즈도 이의 또 다른 중요한 이유라 할 수 있는데, 그럼에도 불구하고 독일의 성매매

규모는 우리 돈으로 환산해서 연 10조 정도라고 한다.

세계적 금융 도시

프랑크푸르트는 세계적 금융도시이다. 처음에 언급했듯이 인구 자체만 보면 서울의 한 구 또는 우리 나라의 중소 도시에 불과하지만, 금융 거래의 규모는 유럽에서 런던 다음으로 2위를 차지한다. 이 작은 도시에 상주하는 은행만 해도 220개의 외국은행을 포함하여 무려 340여 개나 된다. 각 은행 점포가 월요일부터 금요일까지 하루 종일 문을 여는 것이 아니고 업무 요일과 시간이 정해져 있으니 볼일이 있는 사람들은 미리 알아보고 가야 한다. 또 은행 수수료도 만만치 않다. 만약 정기예금을 사전에 해지하면 예금자가 남은 날짜 동안의 이자를 거꾸로 물어야 하는 경우도 있으니 우리한테는 조금 불편한 점도 있다.

게다가 프랑크푸르트에는 유럽중앙은행도 위치하고 있다. 중세 때부터 은행전통이 있는 이 작은 도시에, 유럽연합의 금융문제를 취급하는 중앙은행이 있는 것이다. 유럽통합이 본격적으로 시작되자 독일정부는 유럽 중앙은행을 프랑크푸르트에 유치하기 위해 발 벗고 나섰고, 결국 당시 막강한 경쟁자였던 프랑스의 수도 파리를 제치고 유치에 성공했다. 당시 독일정부는 초대 유럽 중앙은행장의 추천권을 프랑스에 양보하고 중앙은행을 이곳으로 유치한 것이었다. 그것 말고도 독일은 중앙은행의 독립성 문제에 대해서도 프랑스와 의견 차이가 있었다. 독일 정부는 독일의 분데스방크를 모델로 하여 정부로부터 완전히 독립하여 금융 정책을 실시하도록 해야 한다고 주장하였고, 프랑스는 자국의 모델처럼 정부의 감독을 받도록 해야 한다고 주장했던 것이다. 하지만 결국에는 독일의 견해대로 독자적인 정책을 펼 수 있도록 합의를 보았다.

현재 프랑크푸르트의 스카이라인을 결정하는 것은 대체적으로 은행 건물들이다. 최근에 지어진 고층 건물로는, 257미터에 해당되는 박람회장 건물, 259미터에 이르는 코메르츠 은행 건물, 그리고 그것보다는 조금 낮은 유럽중앙은행, 도이체 은행 등이 있다. 프랑크푸르트 사람들은 다른 유럽도시에서는 볼 수 없는 이 스카이라인을 자랑스럽게 생각한다. 그래서 뉴욕의 맨하탄(Man-hattan)에 견주어 마인하탄(Main-hattan)이라는 애칭을 붙였는데, 이것은 뉴욕처럼 국제도시로 발돋움하겠다는 믿음의 표시이기도 하다. 또한, 하늘로 높이 솟은 스카이라인은 세계로 뻗어나가는 상징이기도 한 것이다.

프랑크푸르트 사람들은 일반적으로, 유럽에서 유일한 이 스카이라인에 대해서 아주 자랑스럽게 생각하지만, 이것을 부정적으로 보는 사람들도 있다. 주로 은행들이 고층 건물을 소유하고 또 프랑크푸르트가 금융도시라는 점을 들어, 이 도시를 프랑크푸르트(Frank-furt)가 아니라 방크푸르트(Bank-furt)라고 비아냥거리기도 한다. 이러한 감정은 일상 생활에서도 잘 나타나는데, 그들은 새로운 것보다는 전통적인 것을, 인위적인 것보다는 자연에 가까운 것을 더 좋아한다. 그래서 그들은 주택도 고층 아파트가 아니라 자연 속에 있는 저층 건물, 그것도 전통 있는 건물을 더 선호하고, 우리 나라와는 달리 고층 아파트에는 저소득층이나 외국인들이 주로 거주하고 있다.

박람회의 도시

프랑크푸르트는 또한 박람회의 도시이다. 상설 박람회장에 가면 먼저 거대한 박람회장 건물이 눈앞을 가로막는다. 연필을 거꾸로 꽂아놓은 듯한 이 건물은 높이 257미터에 70층 건물로, 그 건물 앞에는 보로프스키 작품인 「망치질하는 남자」가 밤낮을 가리지 않고 망치질을 하고 있다.

중세 때부터 시작된 프랑크푸르트의 박람회 전통 덕분에 이 도시는 현재 세계에서 손꼽히는 박람회장이다. 그 시초는 1240년 황제 프리드리히 2세가 친서를 내림으로 시작된다. 친서의 내용은 "프랑크푸르트로 가는 모든 상인들은 제국과 황제가 직접 보호한다"는 것이었는데, 이것 덕분에 영국의 옷감, 동양의 향료, 폴란드와 러시아의 모피, 프랑스의 와인 등 어떤 곳에서 오는 어떤 물품이든 그 물품과 그것을 가지고 가는 상인은 군인들의 보호 하에서 국경을 넘어 이곳까지 올 수 있었다. 당시 박람회가 열리는 때는, "프랑크푸르트 지하실에 있는 와인이 우물의 물보다 더 많다"는 말이 나올 정도로 도시가 부유했다고 한다. 이어 1330년에는 황제 루드비히 4세가 제2

의 박람회장을 짓도록 허락하여 박람회 전통을 확고히 하였고, 이런 박람회로 인해 1403년에는 이곳 프랑크푸르트에 독일 역사상 최초로 은행이 문을 연다.

이런 긴 전통에서 시작된 프랑크푸르트는 도시의 규모에 걸맞지 않게 박람회장의 규모가 우리의 상상을 초월한다. 이곳의 대지는 무려 140여만 평에 이르고 전시장만 하더라도 10만 평에 이른다. 종업원만 해도 천 명에 이르는 이곳 박람회장은 1년에 80여 번의 박람회가 열리는 상설 박람회장이다. 이곳에서 열리는 박람회 중에서 가장 유명한 것은 자동차 박람회와 책 박람회다. 많은 사람들이 이 도시에 오게 되는 이유도 주로 박람회장 때문이다.

그러나 박람회장 주위의 인상만으로 이 도시를 평가하는 것은 너무 성급하다. 이것은 마치 서울 삼성동 전시장 주위를 돌아보고 서울 인상을 말하는 것과도 같다.

1,200여년 된 고도

인류가 프랑크푸르트 지역에 역사상 최초로 거주한 것은 지금으로부터 약 4천년 전 무렵이다. 현재의 동부 항구 부근에서는 초기 석기시대의 유물들이, 이후 청동기 시기부터는 현재의 돔 부근에서 주거 흔적이 발견되었다. 그 후 로마 군대가 기원전 80년경에 타우누스 지역과 현재의 헤던하임에 군대를 진주시킨 흔적들도 발견된다. 기원후 260년경에는 게르만족이 이주하면서 마인 강 동쪽의 로마인들이 폐퇴하였고 그 후에 다시 프랑켄족이 이주하면서 이들의 거주 지역이 확대되었는데, 현재 프랑크푸르트의 지역명인 보켄하임, 긴하임 등이 이들 프랑켄족에 의해 건설된 도시들이다. 지역명에 붙는 하임(-heim)이라는 접미사는 이들 프랑켄족에서 유래한다.

프랑크푸르트의 건설은 카알 대왕에게서 유래한다. 작센족과의 전투에서 패전한 카알 대왕은 군대와 함께 도망을 쳐 마인 강변에 이르렀으나, 강을 건너는 것이 쉽지 않았다. 이때 한 무리의 산양이 강을 건너는 것을 보고 그 뒤를 따라 무사히 강을 건너 안전지대에 이르게 되었는데, 이것이 유명한 카알 대왕의 전설이고 여기에서 유래된 명칭이 프랑크푸르트이다. 푸르트는 강을 건널 수 있는 강의 좁은 유역을 말하고 프랑크는 프랑켄 지역을 말한다. 즉, 프랑크푸르트의 원래 의미는 '프랑켄 지역으로 가는 길목'이라는 뜻이다.

마인 강을 건너 안전지대에 도착한 카알 대왕은 특히 당시 코밑에까지 이른 터키 제국에 대하여 당차게 왕국의 독립성을 부각시켰다. 이것은 프랑크푸르트가 독일 건설에 어떤 성격을 띠고 있는지를 말해줌과 동시에 현재의 프랑크푸르트 건설의 시작이기도 하다.

프랑크푸르트라는 명칭이 문서상으로 처음 나타나는 것은 794년이고, 이를 근거로 1994년에는 도시 건설 1,200년을 성대히 기념하였다. 이후 지리상으로 유리한 프랑크푸르트는 상인들의 주요 거점이 되어 박람회의 도시가 되는 기반이 된다.

14세기에는 당시 힘이 강대해진 수공업자와 도시 귀족 간에 갈등이 벌어져, 수공업자가 정치적으로 폐퇴하는 결과로 이어지기도 한다. 또한 이 시기에 프랑크푸르트는 독일 황제의 선발 지역으로 선정되기도 하였는데, 이후 19세기 혁명기에 독일 혁명의 거점 지역이 되면서 독일 정치사의 중심 지역으로 부상한다. 19세기 말의 보불 전쟁에서 프랑크푸르트는 오스트리아 편을 들었으나 프로이센이 승리하면서 막대한 전쟁 배상금을 지불하고 프로이센에 편입된다.

1948년에는 1848년 혁명의 중심지였던 프랑크푸르트를 기념하여 파울 교회를 복원한다. 프랑크푸르트는 제2차세계대전 후 임시 수도로 정해졌지만, 건국 후 국회 투표에서 본에게 패한다. 1946년부터 1955년 사이에 프랑크푸르트 인구는 20만에서 60만으로 급성장하면서 각종 범죄가 만무하면서 '작은 시카고'라는 별명을 얻기도 하였다. 1960년대 말에는 프랑크푸르트 학파의 이론에 기댄 이른바 68학생운동의 주요 거점이 된다. 이때 대학생들은 부모 세대의 가치관과 좌우 연립정부 그리고 제국주의적 월남전에 대해 항의하고, 그 표시로 시내의 백화점에 불을 지르기도 하였다.

1970년대에는 수많은 은행들과 보험회사들이 프랑크푸르트로 이주함에 따라 이른바 금융도시로서의 성격을 공고히 한다. 또한 1990년대에는 고층 건물의 붐이 일어나, 259미터 높이의 박람회장 건물과 257미터의 코메르츠 은행의 본부 건물이 생겨났고, 돔이 재단장을 하여 새로운 모습을 보여주었다.

아울러 1997년에는 독일 도서관이 프랑크푸르트 대학 부근에서 새 곳으로 이사하여, 독일의 모든 출판물을 열람하기에 더욱 편하게 만들었다.

역사와 문화의 도시

프랑크푸르트는 현재와 미래의 도시이면서 역사적인 도시이다. 예를 들어 프랑크푸르트는 1356년부터 영주와 주교가 모여서 신성로마제국 황제를 선출하고 제관식을 거행한 곳이다. 그런가 하면 1848년 혁명기에는 전 국민 대표들이 이곳 파울 교회에 모여 역사상 최초로 독일 황제를 선출하고, 또한 독일 역사상 최초로 자유헌법을 통과시켜 독일 민주화의 초석을 놓기도 했다.

또 프랑크푸르트는 박물관의 도시이기도 하여, 정치·경제만 있는 것이 아니라 문화도 있는 도시라 할 수 있다. 프랑크푸르트에 있는 박물관은 다른 도시에서는 볼 수 없는 아주 특이한 분위기를 연출한다.

마인 강의 남쪽강변에 일렬로 놓여있는 8개의 박물관이 그 특별한 분위기를 만들어 낸다. 여기에는 회화, 수공예품, 영화, 건축박물관들이 모여 있어 수많은 예술 애호가들을 불러 모은다. 그 외에도 프랑크푸르트는 젱켄베르크 박물관과 유대박물관 등이 산재해 있는 문화의 도시이다. 뿐만 아니라 500년의 전통을 자랑하는 도서박람회가 매년 이곳에서 개최되어 전세계 출판인들의 축제가 벌어지고, 세계적으로 유명한 수많은 출판사가 이곳에 자리해 있는 등 책의 본고장이기도 하다. 그러나 이것에만 그치지 않는다. 크고 작은 수많은 연극공연장에서 상연되는 고대부터 현대에 이르는 각종 연극들과, 역시 고전음악에서 현대 음악에 이르기까지 다양하게 열리는 수많은 음악공연들은 프랑크푸르트의 또 다른 모습을 보여준다.

주민 숫자로 따지고 보면 앞에서 말했듯이 프랑크푸르트는 우리 나라의 중소 도시에 불과하기 때문에 우리의 눈으로는 미니 도시에 불과하지만, 도시의 기능으로 보면 독일을 뛰어넘어 세계적 기능을 지니고 있다. 이 도시가 가지는 독일의 다른 도시와의 차이점으로는 앞에서 지적한 여러 가지 이외에 역동적 분위기를 들 수 있다. 또한 공항을 끼고 있는 탓에 국제적 성격도 강하게 나타내고 있다. 현재 인구 65만 명 중에서 외국인 비율이 무려 27%에 해당되는데, 이 중 한국인은 약 1%를 차지한다. 이곳에는 교민과 상사 직원이 많이 거주하기 때문이다.

실제로 낮에 시내전차를 타거나 또는 프랑크푸르트 근거리행 기차를 타보면 프랑크푸르트는 세계적 도시라는 느낌이 드는데, 독일사람보다는 외국인들이 훨씬 눈에 더 많이 띄기 때문이다. 그것은 그만큼 외국인이 이곳에서 많이 활동하고 있다는 의미이기도 하다. 또한 프랑크푸르트는 '매년 4만 명 전입, 4만 명 전출'이라는, 독일 내에서의 신기록을 갖고 있다. 이런 인구 이동을 다른 도시에서는 상상하기 힘든데, 그것은 독일인들은 대개 한 곳에 거주하는 경우가 많기 때문이다. 세들어 살면서도 이들은 대개 한 집에 오래 살고, 대대로 사는 경우도 많다. 세입자 보호법도 그 이유이지만 이들 문화 자체가 영속성을 중요시하기 때문이다. 실제 통계상으로 보면 과반수 이상이 자가가 아니라 세입의 형태로 살고 있다. 전출입자 수만을 두고 보면 15년마다 프랑크푸르트의 전 인구가 바뀌는 셈이다. 그만큼 프랑크푸르트는 역동적인 도시이다.

현재와 미래의 도시

프랑크푸르트는 세계도시를 지향한다. 프랑크푸르트는 자신의 애칭처럼 마인하탄이 되고 싶어한다. 주민 수만 많은 대도시가 아니라 세계적인 기능과 역할을 맡고 싶어하는 것이다. 아닌 게 아니라 공항을 보면, 스카이라인을 보면, 경제 기능을 고려하면, 박람회를 보면 그럴 가능성이 커 보인다. 괴테, 쇼펜하우어, 아도르노, 하버마스 등이 이곳에서 그들의 창조성과 지성을 전 인류를 향해 펼친 것을 봐도 그러하다.

괴테는 독일문학을 세계무대로 올려놓은 주인공임과 동시에, 그 자신은 세계 시민을 지향했다. 콜레라 때문에 베를린에서 프랑크푸르트로 이주한 쇼펜하우어는 독일 관념론의 대가인 헤겔과 이론적 대결을 벌이면서 새로운 염세론적 세계관을 제시했다. 아도르노를 비롯한 프랑크푸르트학파는 자본주의에 대한 비판을 제시하여 현대 사회의 이해에 많은 기여를 했고,

현대와 고대가 어우러진 프랑크푸르트 시내.

그 막내에 해당되는 하버마스는 후기 자본주의 사회에 대한 깊은 통찰을 제시했다.

　프랑크푸르트는 독일에서 유일하게 고층 건물이 하늘을 치솟는 도시다. 이것을 보면 세계를 지향하고 이상을 지향하는

19

것처럼 보인다. 공항의 규모나 금융 도시로서의 역할, 박람회장의 위상과 프랑크푸르트 대학을 둘러싼 지식인의 영향력을 보면, 세계 무대가 그들의 지향점인 것을 느낄 수 있다.

그러나 외국인으로서의 일상 생활을 해보면 아직은 좀 이르다는 생각이 든다. 우리 나라보다는 외국인에게 좀더 개방적이라고 할 수 있지만, 구체적 현실에 들어서면 적지 않은 장벽을 느끼게 되기 때문이다. 이곳에서 외국인으로서 집을 구하려고 나서보면 아직도 폐쇄적 사회라는 느낌을 지울 수 없을 것이다. 저녁의 술집 분위기나 각종 서클 분위기를 봐도 미국이나 유럽의 대도시들에 비해서는 여전히 폐쇄적인 분위기가 남아 있다. 한편에서는 세계를 지향하지만 다른 한편에서는 여전히 소도시적 성격을 지니고 있는 것이다. 이것이 프랑크푸르트의 현실이다.

프랑크푸르트라는 도시에 강하게 나타나는 미래성, 그 뒤편에 숨겨져 있는 역사성이 자꾸만 발목을 잡아당기는 듯하다. 이것이 프랑크푸르트의 모순이면서 또한 매력이기도 하다.

프랑크푸르트 시내 첫 나들이

뢰머는 관광객의 메카

뢰머(Römer)는 프랑크푸르트에 오는 사람들이면 아무리 바쁘더라도 누구나 한번은 들른다 할 수 있을 만큼, 시내 관광의 필수코스이며 관광객의 메카인 곳이다.

뢰머는 프랑크푸르트 시청을 말한다. 명칭자체가 로마를 연상시키기 때문에 오해를 불러일으키기에 충분하다지만, 로마와는 별 상관이 없고 이제는 이곳 시청을 지칭하는 별칭으로 굳어졌다. 사실 시청 건물이 관광 코스 1순위가 되는 도시는 드물지만, 프랑크푸르트는 다르다. 어떤 가이드북이라도 이곳을 제일 먼저 추천하고 있는데, 그것은 뢰머의 역사적 의미와 건물의 아름다움 그리고 위치 때문일 것이다. 뢰머는 수많은 관광 명소의 한가운데 있으므로 관광객들에게는 일종의 시발점 역할을 하게 된다.

뢰머 광장 입구에 들어서면 눈에 들어오는 고색창연한 건물의 아름다움과 우아함, 그리고 건축술의 정교함 때문에 사람들은 입을 벌리고 좌우를 살핀다. 6백년이 넘는 고딕 양식 건물인 뢰머와 동편의 파흐베어크(Fachwerk) 양식 건물이 만들어내는 중세적 분위기는 사람들로 하여금 감동을 주기에 충분하다. 뢰머의 석조 건물이 보여주는 옅고 진한 갈색은 중세 분위기의 중후한 멋을 보여 주는데, 건물 자체를 조금만 깊이 있게 관찰을 해보면 석조를 정교하게 다룬 장인들의 솜씨를 쉽게 볼 수 있을 것이다. 그리고 맞은 편 파흐베어크 건물은 짙은 갈색의 목조와 흰색의 회벽이 어우러져 정교함과 신비로움

뢰머베르크의 아름다운 파흐베어크 건축양식.

을 자아낸다. 진한 갈색의 나무들이 촘촘히 이어져 만들어 내
는 섬세함과, 그 섬세함이 만들어내는 날렵함과 우아함을 맛
볼 수 있는 것이다.

광장에 들어선 사람들은 아름다운 중세 분위기에 취해서
일행도 잊어버리기 일쑤이다. 이곳에 들른 사람들은 서로가
좋은 자리를 차지하여 기념사진을 찍겠다고 아우성이다. 여러
나라에서 온 사람들이기 때문에 온갖 언어들이 여기저기서 들
리는데, 물론 한국말도 자주 들린다.

많은 관광객들은 뢰머보다는 동편의 파흐베어크 건물을 더
선호하는데 이것은 무리가 아니다. 파흐베어크 건축술은 건물
의 벽 연결 부분에 나무를 끼워 놓고 그 나무를 밖으로 노출
시키는 것으로, 유럽 전역에 걸쳐 나타난다. 이 건축은 낭만적
이고 친숙한 분위기를 만들어내어, 독일 사람들의 많은 사랑
을 받고 있다. 독일 전역에 그런 양식의 집은 약 2백만 호 정
도가 되고, 독일에서 이름난 대부분의 관광 도시들은 이 양식
으로 되어 있다 해도 과언이 아니다.

이 동편 건물들은 9세기부터 한동안 박람회장으로 이용되기
도 했지만, 오늘날에는 뢰머를 찾은 관광객들이 이곳에서 식사
나 음료수를 즐길 수 있는 곳이다. 그러나 역사적 현장으로 더
유명한 것은 서쪽의 고딕 건물이니 그 쪽에 눈길을 돌려보자.

뢰머는 황제 선발의 장소

이 뢰머는 건물 자체도 아름답지만 독일 역사에서 중요한

역사적 현장이기도 하다. 현재의 시청은 1356년 이른바 금인 칙서에 의해서 프랑크푸르트가 황제선발도시로 선정되자 현재의 돔탑 위치에서 이곳으로 이전한 것이다. 이전의 이유는 이후 있을 황제 선발을 위한 큰 행사에 비해서 규모가 작다고 판단되었기 때문이다. 이후 1564년 막시밀리안 2세부터 1792년 프란츠 2세까지의 10명의 황제가 프랑크푸르트에서 선발되고 제관식을 거행하였다. 이런 역사적 사실에 대해서 프랑크푸르트 사람들이 매우 자랑스러워하는 것은 어쩌면 당연한 것일지도 모르겠다. 그러나 1806년에 신성로마제국이 해체됨에 따라 이곳에서의 이런 행사는 1792년에 프란츠 2세의 제관식을 끝으로 사라지게 되었다.

황제 제관식은 1562년부터 뢰머 바로 옆에 있는 돔에서 거행되었다. 사실 엄밀히 말해 주교가 거주해야 돔이라는 말을 쓴다는 것을 생각한다면, 1,400년의 역사를 가지고 있는 이 성당을 돔이라고 칭하는 것이 적절하지 않다. 그런데 프랑크푸르트 사람들은 한술 더 떠서 이 성당을 '황제의 돔'이라고 칭한다. 황제의 제관식이 여기서 있었고 이 자리에 3명의 주교가 참석했는데 뭐가 아쉬울 게 있느냐는 것이다. 이런 역사적 사실들을 기억하면서 우리도 황제의 돔에 발길을 옮겨보자. 그리고 해발 백 미터에 위치한 탑에 올라가면 주변뿐 아니라 마인 강변까지 바라볼 수 있다.

현재의 돔 지역은 청동기 시대부터 사람이 살던 곳이다. 또 이곳은 마인 강을 건너기에 유리한 곳이다. 그래서 로마가 이곳까지 진출했던 1세기경에는 이곳에 소규모의 군대를 진주시켜 마인 강을 건널 수 있는 안전지대를 구축했다. 6세기 프랑켄족이 이곳을 점령했을 때는 이 언덕에 왕궁을 짓기도 한 역사적 장소이다. 돔으로 가는 길에 이곳의 역사적 성격도 머리에 떠올려 보자.

지금까지 말한 이 지역 전부를 뢰머베르크(Römerberg)라고 한다. 오늘날 이곳 뢰머베르크는 문화 행사나 정치 행사가 수시로 벌어지는 만남의 장소이다. 혹 관광객들에게 행운이 따르면 재미있는 행사도 볼 수 있을 것이다. 한여름밤에는 야외 연주회가 자주 열리기도 하고, 정치 토론회나 큰 환영회가 열리기도 한다.

볼거리 많은 뢰머베르크

뢰머베르크는 관광객뿐 아니라 프랑크푸르트 시민에게도 사랑받는 핵심 장소이기 때문에 주위에 볼거리가 많고 먹거리도 많다. 특히 뢰머와 돔 사이에 있는 시른 갤러리(Schirn Kunsthalle)는 유명한 전시회장으로 널리 알려져 있다. 관심 있는 전시회가 있으면 반드시 들러볼 것을 추천한다. 이곳은 현대 예술을 주로 전시하는 곳으로 독일에서도 유명한 전시관이다. 표현주의와 초현실주의 등의 전시로 명성을 크게 얻게 된 곳으로, 그 명성에 걸맞는 전시회가 열린다. 전시 프로그램은 르네상스, 바로크를 비롯해 19세기와 20세기 전반부까지의 예술을 망라

하고, 전시 장소는 무려 6백여 평에 이른다.

뢰머베르크에서 마인 강변 쪽으로 몇 발자국 옮기면 역사 박물관(Historisches Museum)이 있다. 이곳에는 프랑크푸르트와 그 주변 지역의 역사 및 문화 유물들이 전시되어 있는데, 프랑크푸르트 지역의 최초 시기부터 현재에 이르기까지의 각종 문화 유적들을 학문적으로 이용할 수 있게 진열해 놓았다. 여기에서는 그림, 초상화, 조각, 도자기, 가재도구, 장난감, 동전 등 생활과 관련된 모든 것들을 볼 수 있다. 전시물들을 살펴보는 것도 중요하지만 독일 사람들이 얼마나 꼼꼼하게 수집하고 전시하는지도 한번 살펴보자. 아마도 '독일 사람들은 수집의 귀재'라는 말이 나올 것이다. 물론 이 말은 다른 박물관들에도 해당된다.

뢰머베르크에는 수많은 관광객이 모여들기 때문에 도둑도 간혹 있다. 집시 소녀들이 주로 그런 짓을 하는데 수법은 거의 동일하다. 15세 전후의 소녀가 2인 1조가 되어 동전을 좀 바꾸어달라고 한다. 동전을 호주머니에서 꺼내면 한 명은 이 동전 저 동전을 만지면서 정신을 분산시키고, 그러는 사이 다른 한 명은 관광객의 호주머니를 뒤진다. 또 다른 수법은 신문이나 물건 등으로 턱밑을 가리고 말을 붙이면서 호주머니를 뒤지는 것이다. 허름한 차림의 소녀가 나타나면 조금 조심을 하는 것이 좋다.

민주주의의 상징 파울 교회

많은 관광객들이 그 곁을 지나가지만 눈길 한번 주지 않는 건물이 있다. 뢰머에서 길을 건너 중심가 쪽으로 조금 가다 보면 왼쪽에 있는 조그만 교회가 있는데, 그곳은 독일 역사에서

독일 민주주의의 산실인 파울 교회.

중요한 의미가 있는 파울 교회(Paulskirche)이다. 독일 역사에 조금이라도 관심이 있는 사람들은 그것이 가지는 의미를 알 것이다. 이곳은 1848년 혁명의 중요한 역사 현장이며 독일 민주주의의 상징이다. 당시 하이델베르크에 집결한 51명의 민주 투사들은 역사상 최초로 자유롭게 선발된 국회의 소집 장소를 물색했는데, 이때 프랑크푸르트가 선정이 된 것이다. 선정이 유는 프랑크푸르트가 독일의 거의 중앙에 위치한 것도 있지만, 그것보다는 이 도시가 1816년 이후부터 독일연방의 소재지로서, 독일의 정치적 미래에 대한 토론의 중심지였기 때문이다.

1848년 3월 28일에 각지의 대표들은 파울 교회에 집결하였는데, 이 때 대표들은 수많은 토론 끝에 그 해 5월 18일에 독일 역사상 최초로 자유헌법을 의결하였다. 그래서 파울 교회라 하면 독일 민주주의 역사의 주요한 획을 그은 장소라는 사실이 떠오르고, 1848년 혁명을 이야기하면 파울 교회를 빼놓을 수가 없다. 당연히 이곳은 프랑크푸르트 사람들이 아주 자랑스럽게 생각하는 곳이다. 혹 관광객으로서 이야기할 기회가 있을 때 파울 교회를 언급하면 독일사에 일가견이 있는 사람으로 비춰질 것이다.

그런데 이 교회도 다른 건물들과 마찬가지로 제2차세계대전 말엽에 크게 훼손되었다. 프랑크푸르트 시 전체가 전쟁 말기에 80% 정도가 폐허가 되었으니 이 교회라고 온전했을 리 없다. 프랑크푸르트 시민들은 다른 건물보다 먼저 1947년에

이 건물의 복구에 착수했는데, 그것은 파울 교회가 나찌 독재가 끝난 후 독일 민주주의 역사의 초석이 될 것이라는 믿음과 더불어 그 복구 작업이 프랑크푸르트의 재건을 상징한다고 믿었기 때문이었다.

그래서 파울 교회는 1948년에 새로이 단장하여 나찌 정권의 청산과 민주 전통의 계승을 약속하였고, 복원 후에는 교회로 사용되지 않고 각종 모임이나 전시에 사용되었다. 교회 내부에는 교회의 역사와 독일 역사와 관련된 자료들을 상설전시하고 있다.

괴테 하우스

괴테 하우스는 시성(詩聖) 괴테가 태어나고 자라난 곳으로, 괴테는 바로 이 집에서 원본 『파우스트』와 『젊은 베르테르의 슬픔』을 집필했다. 관광객들은 이곳에 전시되어 있는 가구와 집기 등을 통해서 당시 시민 계층의 삶을 엿볼 수 있다.

시간을 조금 더 투자하면 괴테 하우스와 같이 붙어 있는 괴테 박물관을 볼 수 있는데, 이곳에서는 후기 바로크부터 낭만주의까지의 그림과 조형예술을 14개의 전시실에 진열해 놓고 있기 때문에 괴테 시대의 독일 예술을 조망할 수 있다는 장점이 있다.

하웁트바헤(Hauptwache)는 지리적으로 프랑크푸르트의 중심에 해당되며 오늘날 프랑크푸르트 시민들의 만남의 장소가 되는 곳이다. 사람들은 이곳에서 커피를 마시거나, 여기서 만나 짜일(Zeil)로 윈도우 쇼핑을 떠나기도 한다. 예쁘장한 이 건물은 17세기에 이곳의 상행위를 규제하는 통제소로 건축되었다가 18세기에는 감옥소의 시설로 사용되기도 했지만, 1905년부터는 커피하우스로 개조되어 프랑크푸르트 시민들이 즐겨 찾는 만남의 장소가 되었다. 시간이 있는 사람은 건물로 들어가 건물의 아름다움을 감상하면서 커피와 케이크를 주문해보는 여유를 가져보자.

잠시 여유를 가진 후 시간이 있다면 하웁트바헤 길 건너편에 있는 조그만 교회인 카타리나 교회(Katharinenkirche)에 잠깐 들러보자. 14세기부터 유래하는 이 교회도 제2차세계대전 말기에 공중폭격을 당했으나 1950년부터 1954년에 걸쳐 복원되어 현재에 이르는데, 파이프 오르간이 유명하여 연주회가 자주 열린다. 이 교회는 괴테가 세례를 받은 곳으로도 유명하다.

쇼핑과 산책의 거리 짜일

짜일은 프랑크푸르트에서 유명한 쇼핑 장소이며 산책로이기도 하다. 백화점 체인인 카우프호프(Kaufhof)에서 시작되는 이곳은 1970년대에 행인전용 도로로 바뀌었기 때문에 걸어 다니기가 편하다. 길거리 곳곳에는 세계 각지에서 온 음악가들이 연주를 하고, 널따란 길바닥에는 화가가 앉아 그림을 그린다. 음악이 마음에 들거나 그림이 좋으면 동전 한 닢을 기부해도 좋을 것이다.

이곳은 행인 전용도로이기 때문에 차가 다니지 못하는데, 행인들과 상인들 모두가 이것을 환영한다. 행인들은 걸어 다니면서 구경하기 편해서 좋고, 상인들은 매상이 올라서 좋기 때문이다. 실제 짜일은 독일에서 가장 매상을 많이 올리는 거리이다. 상인들은 이른 아침이나 저녁 늦은 시간 등 일정한 시간대에만 차를 갖고 와서 물건을 싣고 내린다.

짜일의 이 상가들은 14세기 때부터 유래하지만 오늘날 그 역사적 흔적은 찾아볼 수 없다. 다만 아름다운 현대 건축과 온갖 물건들을 한 곳에서 구경할 수 있고 또 먹거리도 많아서 사람들이 즐겨 찾는 곳이다. 현대식 건물 가운데에서 가장 유명한 것은 짜일 갤러리(Zeilgalerie)이다. 수많은 소매상들이 들어선 이 건물은 건물 자체와 내부 공간 배치가 꽤 유명하다. 또한 이 건물 옥상 위에서는 프랑크푸르트 시내와 짜일 거리를 오가는 사람들을 내려다 볼 수 있으니 꼭 한번 올라가보자.

음악의 전당 알테 오퍼

알테 오퍼(Alte Oper)는 아름다움으로 말하면 뢰머에 못지않은 자태를 뽐내는 건물로, 웅장하면서도 그 섬세함에 반하여 발걸음이 자연스레 멈춰질 것이다. 건물 꼭대기에는 페가수스 조각이 하늘을 향해 웅비하고 있는데, 그 아래에는 독일어로 '진선미에 헌정함'이라고 씌어져 있다. 이 건물은 19세기 말

아름다운 알테 오퍼 건물.

독일 경제가 한창 팽창할 때 지어진 고전주의 양식의 건물이다. 건축 당시에는 오페라하우스로 지어졌지만 오늘날에는 고전 및 현대 음악, 재즈, 록, 팝 등의 음악연주회나 또 각종 회의 장소로 사용되기도 한다. 2,500석을 갖춘 대연회장과 700석을 갖춘 모짜르트홀을 비롯한 여러 규모의 홀이 갖추어져 있다.

이 건물은 1880년 당시 빌헬름 황제가 배석한 가운데 개관되었다. 그 후 제2차세계대전 때 송두리째 파괴된 채 한동안 복구되지 않은 상태로 있어, '세계에서 가장 아름다운 폐허'라는 별명을 갖기도 했다. 그러다 1981년 8월 23일 괴테의 232주기 생일에 맞춰 다시 문을 연다. 지어질 당시에도 수많은 논란들이 많았지만 복구 당시에도 차라리 없애버리자는 측과 복구하자는 측이 몇 년 동안 토론을 했다는 데서 독일인다운 느릿느릿함과 철저함을 엿볼 수 있다.

알테 오퍼 건물 앞에는 건물 설계자의 이름을 딴 루카에 분수가 있다. 밤에는 아름다운 조명이 드리워진다. 이 아름다운 건물에서 벌어지는 연주회에 참석하려면 표를 미리 구해야 하는데, 만약 연주회에 갈 수 있다면 특별한 경험이 될 것이다. 건물 자체의 중후한 아름다움과 음악이 어울려 새로운 느낌으로 다가올 것이기 때문이다.

다리도 피곤하고 배가 고픈 사람들을 위해서는 조금 떨어진 곳에 프레스가세(Fressgasse)가 있다. 이것은 원래 길거리 이름이 따로 있음에도 불구하고 사람들이 그냥 붙인 이름인데 말 그대로 '먹자골목'이다. 제1차세계대전 이후부터 고급 음식점이 주로 있던 곳인데, 현재까지 큰 변화 없이 원래의 모습을 유지하고 있는 곳이다.

시립 무대와 문화적 상황

시립 무대(Städtische Bühnen)는 1,400석이나 되는 오페라 하우스, 700석 규모의 연극 극장과 200석 규모의 소극장을 갖춘 복합공연장이다. 제2차세계대전 때 파괴된 기존의 공연장 건물을 철거하고 1951년에서 1963년에 걸쳐 대규모로 지어진 이 복합 공연장에서는 오페라, 연극, 발레가 주로 상연된다. 원래는 큰 포부와 함께 지어진 건물이지만, 프랑크푸르트 시

재정이 최근에 넉넉지 못해 언제까지 버틸 수 있는지는 아무도 모르는 힘든 상황이다.

이곳의 공연을 보게 되면 독일 사람들의 문화 생활을 알 수 있다. 오페라, 연극, 연주회, 발레는 일상 생활의 일부이기 때문에 그들은 바쁜 일상을 떠나 정장 차림을 하고 와서, 여유 있게 문화 생활을 즐기는 것이다. 간편한 차림을 하고 간다면 아무도 뭐라 하지는 않지만 눈에 띌 정도로 낯선 존재가 될 것이다. 이런 문화는 미국의 그것과 차이가 난다. 미국 사람들은 대체로 이런 공연장에 갈 때에도 간편한 차림을 하고 가는 경우가 많다. 또 초대를 받아 식사를 하러 갈 때에도 간편한 복장으로 나타난다. 그래서 복장을 보면 유럽 사람과 미국 사람을 쉽게 구분할 수 있다. 이것은 두 문화권의 생활 문화의 차이에서 비롯된 것이다.

사람들은 보통 공연이 시작되기 전에 도착하여 샴페인을 한잔 하면서 대화를 나눈다. 물론 중간의 휴식 시간에도 샴페인이나 포도주를 즐기며 서로 대화를 나누는 것이 일반적이다. 공연이 끝나면 함께 카페 등에 가서 오늘 공연에 대해서 이야기를 나눈다. 이때의 화제는 당연히 공연이 주를 이루며, 공연평, 감독, 단원 등에 관한 이야기를 나누기도 한다. 이때 한 마디도 못하거나 전혀 엉뚱한 이야기를 하게 되면 교양인으로서 의심을 받기 때문에, 보통은 공연 전에 일반적으로 책이나 인터넷을 통해 정보를 조금이나마 찾아보고 간다. 교양인이 되기는 쉽지 않은 것이다. 입장료는 우리보다 싼 경우가 많지만, 사전에 표를 구해야 입장이 가능한 경우가 대부분이다.

동물관과 팔멘가르텐

　프랑크푸르트에는 개인의 관심사에 따라 다양하게 즐길 수 있는 곳이 수없이 많다. 시간 여유가 있다면 동물원에 들르는 것도 좋다. 희귀한 각종 동물들을 보면서 시간을 보낼 수 있는데, 특히 우리의 눈길을 끄는 것은 야행성 동물관이다. 밤에 움직이는 동물들에게 이동하기 유리한 환경을 만들어 그들을 쉽게 관찰할 수 있게 만들어 놓았다. 각종 곤충들을 관찰할 수 있는 곤충관도 있다.

　동물이 아니라 식물에 대해서 관심이 많은 사람은 팔멘가르텐(Palmengarten)으로 가야 한다. 각종 사막 식물, 열대 우림 식물 등을 비롯해 물고기를 잡아먹는 식물 등 우리에게 낯선 많은 종류의 식물을 볼 수 있다. 천장이 18미터가 되는 팔멘 하우스에서도 그에 못지 않은 즐거움을 얻을 수 있을 것이다. 운이 닿으면 장미 전시회를 만나 아름다운 장미와 대화를 나눌 수도 있을 것이다. 동물원과 마찬가지로 이곳은 독일인들의 전시 능력을 알아볼 수 있는 좋은 기회이다.

　마인 강변에서 보트를 빌려 유람을 즐기는 것은 어떨까? 뢰머에서 아이제너슈텍 다리를 건너면 바로 보트를 빌릴 수 있다. 그 후에는 바로 마인 강변에 위치한 리비히 하우스의 커피숍에서 여유 있는 시간을 보내보자. 아니면 프랑크푸르트 중앙역에서 자전거를 빌려 온종일 이곳저곳을 다녀보는 것도 좋다. 자전거 길이 따로 있기 때문에 우리 나라보다 훨씬 안전하다.

살아있을 때 만나지 못한 유명인사들의 무덤을 찾아가 보는 것도 특별한 경험이다. 산 사람이 죽은 자를 만나는 것은 대개 특별한 경우가 아니면 금기 사항이다. 하지만 용기를 내어 중앙공동묘지를 찾아가보면 우리의 공동묘지와는 다른 차분하면서도 멜랑콜리한 분위기를 느낄 수 있다. 우리에 비하면 유명인사들의 무덤이 초라하기 짝이 없다. 이곳에는 아도르노, 쇼펜하우어, 그리고 괴테의 어린 연인이었던 마기안테 폰 빌레머의 무덤도 있다.

프랑크푸르트의 명물: 사과주

사과주는 프랑크푸르트의 상징

프랑크푸르트라는 도시 이름을 들으면 많은 외국인들은 박람회장과 공항을 머리에 떠올린다. 박람회를 계기로 프랑크푸르트를 다녀갔거나, 아니면 프랑크푸르트 공항을 거쳐 갔기 때문이다.

그러나 독일 사람들의 머리에 떠오르는 프랑크푸르트의 이미지는 전혀 다르다. 이들은 고층 건물과 사과주를 생각한다. 그래서 프랑크푸르트를 다녀가면서 사과주를 맛보지 않으면, 이상한 사람 취급당하기 십상이다. 마치 독일에 왔다가면서 독일 맥주를 맛보지 않은 것과 마찬가지 취급을 당한다. 이처럼 프랑크푸르트의 사과주는 이 도시와 밀접하게 연결되어 있다.

독일 사람들은 다른 곳을 여행할 때 현지 사람들이 즐겨 먹거나 마시는 것을 반드시 맛보고 즐기는 식으로 그곳의 문화를 확인하고, 그것이 어떤지에 대한 나름의 판단을 내린다. 알려져 있다시피 일상 생활에서의 독일인들은 소비가 충동적이지 않고 계획적이며 검소하다. 그런데 이 짠지들이 여행을 할 때는 아주 멋을 부린다. 또 그렇게 하지 않으면 문화적으로 뒤처진 사람으로 다른 사람들한테 비춰진다.

그래서 개인 단위이든 가족 단위이든 여행 계획을 세우는 것은 이들의 일상사에 속한다. 그것도 그 해의 것이 아니라 내년의 여행 계획을 세우는 것이다. 휴가도 직장인들은 대개 1달을 얻게 되는데, 이 기간 동안에 여행을 한다. 그런데 이 한달 동안에 이들은 우리처럼 여러 곳을 떠돌아다니는 것이 아니라 주로 한 곳에 머물면서 휴식을 취하는 것이 일반적이다. 그곳의 문화유산을 체험하거나 개인의 취미 생활을 하면서 시간을 보낸다. 어떤 것이 주가 되든 현지의 문화를 맛보고 즐긴다. 그 중 중요한 것이 그곳의 음식이다. 이런 목적으로 지출하는 여행비 지출이 대개 가계 수입의 10%에 육박한다. 또 전체적으로 보면 독일인들은 세계에서 가장 여행을 많이 하는 집단이기도 하다.

이들이 다른 곳을 여행할 때 현지의 독특한 음식을 맛보는 것은 거의 필수 사항에 속한다. 그것도 싸구려 음식점이 아니라 그곳 음식을 잘 요리하는 유명한 음식점에 한번 들르는 것이다.(물론 유명한 음식점이라고 언제나 비싼 집을 말하는 것은 아니다.) 그리고 나름대로 그 음식에 대한 평가를 가지고 돌아간다.

물론 여행 동안에 아침과 점심은 대개 간단하게 먹지만 저녁은 멋을 부리면서 먹는다. 이들은 여행 중이라도 저녁을 먹으로 나갈 때는 깨끗한 옷으로 갈아입고 멋을 부리며 길을 나선다. 옷도 음식을 즐기는 데 있어 중요한 요소이기 때문이다. 그리고 이들은 현지의 문화 행사도 하나쯤은 체험을 한다. 현지의 독특한 문화를 체험하는 것 역시 거의 필수사항이다. 그곳 현지의 특별한 문화 행사면 더욱 좋고 그렇지 않으면 연주회, 연극 아니면 영화라도 본다. 그냥 볼거리만 보고 한국 음식점만 찾는 우리네 관광객과는 조금 다르다. 이런저런 이유에서 독일인들은 여행할 때 반드시 여행안내서 한 권쯤은 가지고 다니면서 읽는다. 이는 발품과 눈으로만 만족하는 여행객들과는 전혀 다르다. 그러니 프랑크푸르트에 온 독일인이라면 이곳의 사과주를 맛보는 것은 필수요건인 것이다.

프랑크푸르트 사람이 사과주를 모르면 간첩 소리를 들을 정도니, 이제 우리도 프랑크푸르트 사람들의 사랑을 받고 있는 사과주를 한번 맛볼 차례. 슈퍼마켓에서 파는 싸구려 사과주가 아니라, 사과주 전문주점에 들러 그곳의 독특한 분위기를 느껴보자.

독일어로 주문해보자

사과주는 독일어로 아펠바인이라고 흔히들 말한다. 그러나 문법적으로 정확하게 표현하면 사실은 아펠바인(Apfelwein)이 아니라 애펠바인(Äpfelwein)이라고 해야 한다. 아펠은 사과 하나를 말하고 애펠은 그 복수형이기 때문이다. 즉, 사과주는 사과 하나로부터 만들어지는 것이 아니라 여러 개의 사과로부터 즙을 추출하여 만들기 때문에 복수형을 쓰는 것이 옳다.

물론 사과주 전문주점에 가면, 아무 말 하지 않고 가만히 있어도 사과주를 가져다 준다. 그곳에서는 대개 사과주만 팔기 때문이다. 그러나 멋을 부리려면 정식으로 독일어로 애펠바인이라고, 아니면 더 멋을 부려 프랑크푸르트 사투리로 한

아름답게 단장한 한 사과주 주점의 입구.

번 말해보자. 외국인이 이곳 사투리로 주문하면 작은 사건이 된다. 또 독일인들도 일부러 사투리로 주문을 하기도 한다. 사과주는 프랑크푸르트 사투리로 에벨보이(Ebbelwoi) 또는 에벨바이(Ebbelwei)라고 한다. 표준 독일어는 북부 독일어를 기준으로 하기 때문에 프랑크푸르트 지방의 언어는 사투리인 셈이다. 물론 인적 교류와 문화적 교류가 지난 200여 년 동안 잦았기 때문에 거의 모든 사람들이 표준어를 구사하기는 하지만 일부에서는 일부러 이 지방의 사투리를 사용하여 자신의 언어 능력을 과시하기도 한다. "Ebbelwoi, bitte."라고 주문해 보라. 이것은 영어로 "Ebbelwoi, please."에 해당되는 말이다. 그러면 옆 사람들이 다른 눈으로 바라보게 될 것이다. 사과주 전문 주점에 동양인이 들어오는 경우가 많지 않기 때문에 어차피 눈에 띄기 마련인데, 거기에 덧붙여 이곳 사투리로 주문한다면 그야말로 좀 튀게 되는 셈이다.

사과주는 프랑크푸르트 사람들이 특히 여름에 즐긴다. 여름철 저녁나절이 되면 사람들이 슬슬 이 주점으로 밀려오기 시작하고, 금새 빈 자리가 없어진다. 그런데도 되돌아 나가는 사람은 없다. 모두가 자리를 조금씩 밀쳐서 앉을 자리를 만들어 주기 때문이다. 이것은 다른 곳에서는 볼 수 없는 아주 특이한 분위기인데, 대부분의 사과주 전문주점들이 나무 벤치를 설치해 놓았기 때문에 가능한 일이다. 여기에 오는 사람들도 으레 그런 줄 알고 사람들이 옆에 오면 자리를 당겨서 자리를 만들어 준다. 1인용 의자에 주로 앉는 서양 사람들에게 이런 딱딱

한 벤치에 앉아서 마시는 것은 보기 드문 일이다. 게다가 자리가 없어 둘레둘레 살피는 사람에게 앉을 자리를 만들어 주는 것은 더더군다나 흔치 않다. 눈치 빠른 사장님들은 방석을 벤치 위에 만들어 놓는 경우도 있다.

좀 늦은 저녁에 사람들이 앉을 자리를 찾아 주위를 두리번거릴 때, 옆에 앉으라고 자리를 조금 비켜줘 보라. 그러면 그 사람과 자연스럽게 말을 붙이게 될 것이다. 이것 또한 이곳만의 재미있는 분위기이다. 술집에서든 어디에서든 특별한 이유 없이 옆 사람에게 말을 건네거나 불필요하게 많은 관심을 보이는 것은 대개 실례가 되는데, 이곳에서 자리를 조금 밀쳐주면 자연스레 말을 건넬 수 있기 때문이다.

알려져 있다시피 라틴계 국가를 제외한 대부분의 유럽 국가에서는 다른 사람에게 말을 건넬 때 형식을 갖추는 것이 일반적이다. 우선은 남한테 피해를 주지 말아야 하고 부득불 그래야할 경우는 "실례합니다."라고 하면서 운을 떼워야 하기 때문에 말 건네기가 쉽지 않다. 이런 문화적 상황에서 자리를 조금 양보하면서 쉽게 말을 건넬 수 있는 것은 적지 않은 장점이다. 반면에 라틴 계열 국가와 미국의 경우는 쉽게 말을 건넬 수 있는 것으로 알려져 있다.

왁자지껄한 사과주 주점 분위기

그렇게 조용조용 말하는 사람들이 사과주 전문주점에서는

사과주 주점의
내부.

다른 술집과는 다르게 왁자지껄한데, 이것은 독일 남부 지방
인 바이에른 지방의 맥주집에서나 볼 수 있는 분위기이다. 독
일 술집은 대개 차분한 분위기이고 만취한 사람이 없기 때문
에 조용하다. 그런데 이곳은 큰 소리로 말하지 않으면 대화하
기 힘들 정도로 떠들썩하다. 사과주 전문주점에서든 일반 술
집에서든 독일 사람들이 만취한 것은 보기 힘든데, 그것은 덩
치에 비해서 이들이 마시는 주량이 대개 많지 않기 때문이다.
그러나 더 중요한 이유는 술에 대해서 우리보다 훨씬 엄하다
는 것이다. 우리의 경우 술에 취해 저지른 실수에 대해서는 대
체로 관대하지만, 독일 사회에서 다른 사람에게 술 취한 모습
을 보이면 '자신을 통제할 줄 모르는 사람'으로 낙인 찍혀 사
회적으로 불이익을 당하게 된다. 또 그런 실수는 그냥 한번의
웃음으로 끝나는 것이 아니라 개인의 이미지에 치명상을 입힌
다.(독일 문화의 특징 중의 하나는 '오래 기억하는 것'이다.)

43

그리고 술집이라고 해서 마음대로 마실 수 있는 것도 아니다. 손님이 과하게 취했다고 판단되면, 술집 주인은 그에게 나가라고 말할 수 있는 권한이 있다. 그럴 때 괜히 항의하고 떠든다면 술 한 잔을 더 얻기는 커녕, 잠시 후 경찰이 달려오기 때문에 '국위를 선양(?)'하는 계기가 될 것이다.

이곳 사과주 전문주점의 또 다른 특징 중 하나는 여러 일행이 같은 테이블에 앉는다는 것이다. 여기에는 남녀노소 구분이 없고, 양복 입은 은행원과 점퍼차림의 청소부, 프랑크푸르트 사람과 외국인들 모두가 같은 테이블에 앉아 마신다.

프랑크푸르트 사람들이 그렇게 자랑스러워하는 사과주이지만, 솔직히 말해서 한국 사람의 입맛에는 좀 힘든 면이 있다. 사과주 맛이 좀 시기 때문에 처음 마시는 사람들은 한 잔을 넘기기가 쉽지 않은 것이다. 이렇게 말하면 프랑크푸르트 사람들은 '석 잔만 마셔보라'고 한다. 석 잔부터는 맛이 달라진다는 것이다. 그러나 사실 그 때쯤이면 대개의 경우 아마 취기가 슬쩍 돌기 시작할 것이다. 음식은 습관이기 때문에 새로운 것을 맛보려면 용기와 인내가 필요하다.

사과주는 프랑크푸르트 문화의 일부

사과주는 사과를 갈아서 만든다. 사과 10킬로그램을 갈면 대략 5-7리터의 사과살이 나오고 이것이 며칠 지나면 발효하기 시작하는데, 몇 주 후에는 발효가 더 진행되어 사과주가 된다. 사과주 원액을 그대로 마시기에는 너무 진하기 때문에 독일 사람들도 보통 다른 음료와 섞어 연하게 만들어 마신다. 대개의 경우는 생수를 좀 타서 마시는데, 샴페인을 타서 멋을 내는 경우도 있다. 신맛 때문에 처음 마시는 사람에게는 사과주가 쉽지 않아서 그러한 방법을 사용하는 것이지만, 이곳 사람들은 전통을 고수하기 때문에 그렇게 마시는 것을 아주 싫어한다. 아울러 술집에서는 원래 사과주 이외에는 팔지 않는데, 요즘은 메뉴판에 없지만 맥주를 팔기도 한다. 또 마시기 힘든 사람들의 경우는 환타나 콜라를 섞어 마시기도 한다. 전통도 좋지만 돈이 더 좋다는 것이리라. 경쟁 사회에서 살아남으려면 어떻게 하랴!

그렇지만 프랑크푸르트 토박이들이 이 광경을 보면 펄쩍 뛴다. 또 누가 그렇게 섞어 마시는 것을 본다면 희귀한 광경이란 듯이 수군거릴 것이고, 마치 양식당에서 고추장을 꺼내 섞어 먹는 것을 보는 듯한 표정을 지을 것이다. 포도주 맛을 모르는 촌놈이라는 표정이다. 또 실제로 과거에는 사과주 전문주점에서 사과주 이외에는 팔지도 않았다.

그렇지만 사과주에 대한 문화적 배경을 알고 나면 그들처럼 마시고 싶은 마음도 생길 것이다. 그리고 약간의 신맛도 단맛처럼 느낄 것이며, 또 나름대로 즐길 수도 있을 것이다. 프랑크푸르트 사람들만이 가지고 있는 사과주 전문주점 분위기와 그들의 신조를 알게 되면 사과주의 또 다른 향내를 맡을 수도 있다. 사과주는 이른바 프랑크푸르트 사람들에게 그냥 음료수나 술이 아니라, 그들을 하나로 연결시켜 주는 용매인 것이다.

독특한 사과주 용기와 잔

　사과주뿐 아니라 그것을 담는 그릇 또한 독특하다. 회색 도자기에 짙은 감청색으로 무늬를 그린 것인데, 이 용기는 세월의 변화에도 변함없이 유럽에서 장수한 용기 중의 하나이다. 과학 기술의 발달에도 불구하고 둔탁하게 생긴 이 질그릇이 장수할 수 있었던 것은, 그 어떤 신제품보다도 사과주를 더 오랫동안 차게 보존할 수 있기 때문이다. 사과주 전문주점에서는 보통 간판에 이 용기를 직접 걸어 놓거나 또는 그림을 그려 놓고 있어서, 그것을 보면 사과주 전문 주점이라는 것을 금방 알 수 있다. 사과주를 마시는 잔도 특이하다. 밋밋한 맥주 잔처럼 생겨 멋없어 보이지만, 자세히 보면 잔이 손에서 미끄러져 바닥에 떨어지지 않게 우툴두툴하게 표면을 만들어 놓았다. 사과주가 차서 잔 표면의 물기 때문에 언제나 미끌미끌하기 때문이다.

　프랑크푸르트의 사과주가 최초로 문헌에 나타나는 것은 800년이라고 하니 그 역사는 무려 1,200년이나 된다. 사과주가 이곳에 널리 퍼지게 된 것은 과거 기후의 영향 때문이라고 한다. 즉, 16세기와 17세기에 냉해가 몰아치면서 와인 생산이 힘들어지자 사람들이 와인 대신에 사과주로 방향을 많이 바꾸었다는 것이다.

작센하우젠에 있는 한 포도주 주점의 입구.

오늘날 사과주 전문 주점이 가장 많은 곳이 마인 강 남쪽의
작센하우젠인데, 이곳 사람들은 괴테 없는 프랑크푸르트는 생
각할 수 없지만, 괴테 없는 사과주는 충분히 생각할 수 있다고
자랑스러워한다.(물론 괴테도 사과주에 대해서는 알고 있었다.)

현재 사과주를 마실 수 있는 곳은 작센하우젠에만 250여 곳이 있다. 사과주를 만드는 집은 현재 100여 곳인데, 거의 모두가 소규모의 가족경영 형태를 띠고 있다. 그런데 이 사과주 양조업체가 전국 규모로 확장될 가능성은 거의 없을 것이다. 집집마다 독특한 노하우가 있는 데다가, 신선도를 유지하는 것도 쉽지 않기 때문이다. 또 독일 사람들의 입맛이 비교적 까다롭다는 것도 여간해서는 시장 확장이 쉽지 않은 이유가 된다. 독일 맥주가 거의 대개 소규모로 각 지역에 머물고 있는 것도 이런 이유에서일 것이다. 빵집도 마찬가지라서, 한 지역의 유명한 빵집이라고 해도 다른 곳에 쉽게 체인을 내지 못하는 것에서도 그것을 짐작할 수 있을 것이다. 신문의 경우만 하더라도 전국 규모의 신문은 몇 개에 불과하고 발행부수도 대개 수십만 부에 불과하다. 이처럼 독일 사회는 각 지역의 전통에 깊이 뿌리내리고 있다.

물론 사과주를 슈퍼마켓에서도 살 수는 있지만 사과주 전문 주점에서의 신선한 사과주와는 맛이 천양지차다. 작센하우젠에서 많이 알려진 것으로는 춤 게말텐 하우스(Zum Gemalten Haus), 클라네 작센호이저(Klaane Sachsehäuser)가 있다.

사과주 안주거리

프랑크푸르트 사람들이 사과주를 마실 때 곁들여 주문하는 것이 있다. 그들은 특히 다른 지방 사람과 함께 갔을 때 큰 긍지를 가지고 이것을 주문하고, 특히 그 명칭에 대해서 침이 마르도록 자랑을 한다. 마치 그 이름이 그들만의 대단한 발명품인 양 뿌듯해 하는데, 그것은 '음악을 곁들인 치즈'라는 의미를 가진 '한트케제 밑 무직(Handkäse mit Musik)'이다. 치즈를 먹을 때는 5개 양념과 음악을 곁들였을 때 최고의 맛이 난다는 것이다. 물론 여기에 대해서 호사가들은 다른 해석을 내린다. 즉, 한트케제 밑 무직을 먹으면 방귀가 나오는데, 이것은 양파를 먹으면 쉽게 방귀가 생기기 때문이라는 것이다. 이 해석에 따르면 음악은 다른 게 아니라 방귀라는 말이 된다. 어쨌거나 이 안주거리는 치즈에 식초, 식용유, 후추, 소금, 양파가 얹혀진 것인데, 조그마한 치즈 덩어리에 양념이 얹혀 나오기 때문에 양이 얼마 되지 않는다.

사과주 주점에는 돼지고기 요리들이 몇 가지 준비되어 있다. 이 요리들은 우리 입맛과 크게 다르지 않은데, 그 중 우리 입에 비교적 잘 맞는 것이 소금에 절여서 찐 돼지 갈비(이것을 독일어로 립헤라고 한다)가 있다. 그것을 주문하면 양배추로 만든 이른바 독일 김치가 함께 나올 것이다. 이것은 독일어로 자우어크라우트라고 하는데 이곳 사람들이 즐겨 먹는 음식이다. 처음에는 쉽지 않지만 몇 입을 삼키고 나면 군침이 절로 돌 것이다. 우리 김치하고는 양념이 다르기 때문에 차이가 많이 나는 것은 사실이다. 그렇지만 시큼한 맛이 우리 김치의 시큼한 맛을 상기시킬 것이다. 물론 자우어크라우트를 먹게 되면, 이때의 사과주 맛도 좀더 나아질 것이다.

또 프랑크푸르트에서 유명한 것으로는 그린 소스가 있다.

이것을 이곳 사람들은 '그리 조스'라고 즐겨 사투리로 말한다. 이 그린 소스는 7개 이상의 채소에 여러 가지 양념들을 섞어서 만든 것이다. 이것을 감자나 생선 또는 육류와 함께 먹으면 좋다. 아니면 이미 함께 조리되어 나오기도 한다. 알려진 바로는 괴테가 아주 즐겨 먹었다 한다.

독일인의 음식 문화

이런 주점이나 독일식당에 가보면 독일 사람들은 대화하는 것을 즐긴다는 것을 알 수 있다. 식당에 가더라도 두어 시간은 보통 이야기하면서 먹는다. 술집의 경우에도 마찬가지라 맥주 한 잔, 포도주 한 잔을 시켜놓고는 하염없이 떠드는데, 그 이야기 내용이라는 게 알고 보면 대단하지 않은 내용들이다. 음식은 수단이고 목적은 같이 대화를 나누는 것임을 알 수 있어서, 대화하기를 좋아하는 집단이라는 생각이 절로 든다. 여러 사람이 같이 왔다면 처음에는 너댓 사람이 같이 대화를 나누다가 조금 있으면 두 사람이 한 조가 되어 대화를 계속 나누는 것을 볼 수 있을 것이다. 그러다 대화 파트너를 바꾸어 가면서 이야기를 주고받는 것을 쉽게 발견할 것이다.

이들은 자신이 좋아하는 음식이 있어도 그것을 남에게 강요하지 않는다. 또 남이 시키는 것을 따라서 주문하는 경우도 거의 없다. 자신이 좋아하는 음식이 없다는 것과, 그 맛을 판단할 수 있는 미각이 발달하지 않았다는 것은 문화인으로서

자격이 없다는 말도 된다.

만약 포도주를 주문할 때면, 자신이 좋아하는 것을 자신 있게 말할 줄 알아야 한다. 그것도 유창한 불어나 이탈리아어 또는 스페인어로 말한다면 더 돋보인다. 그리고 그 포도주에 대해서 어느 정도 지식은 필수적이다. 예를 들어 생선 요리에 적포도주나 다른 술을 주문한다면 작은 스캔들이 되거나 교양 없는 사람 취급을 받는다. 이것이 독일 시민 사회의 음식문화이다. 그리고 자신이 좋아하는 음식을 잘 요리하는 식당을 몇 개쯤은 알고 있어서, 남을 초대할 때는 그런 곳에 초대를 하여 자신의 미각을 과시한다. 그러면서 음식을 주제로 이야기를 시작한다. 이렇게 하여 음식을 통한 사회적 계급이 확인되는 것이다.

또한 친하다고 해서, 나이가 많다고 해서, 또는 상사라고 해서 그냥 밥값을 내는 것은 실례이다. 반드시 물어보고 지불해야하고, 그렇지 않으면 돈은 돈대로 쓰고도 교양 없는 사람이 되어버리고 만다. 이것이 식사에 관한 예절이다. 이런 형식 안에서 음식을 즐기는 것이 독일 시민들의 관습이다.

예술 애호가를 위한 박물관 여행

박물관의 도시

프랑크푸르트가 박물관의 도시라는 사실을 아는 사람은 그리 많지 않다. 프랑크푸르트는 금융의 도시, 교통의 중심지라는 이미지가 강하기 때문이다. 프랑크푸르트가 문화 분야에 집중적으로 투자한 것은 지난 20여 년에 불과하기 때문에 별로 소문이 나지 않았지만, 그 집중적인 투자와 관심의 결과는 괄목할 만하다. 그 결과 중의 하나가 수많은 박물관들이다. 숫자로 보나 내용으로 보나 가히 자랑거리라 하지 않을 수 없다. 이 작은 도시에 박물관과 갤러리를 합쳐 추천할 만한 곳이 20여 곳이 된다. 프랑크푸르트의 도시 이미지를 지난 20여 년

사이에 '박물관 도시'라는 이름을 들을 정도로 바꾸어 놓은 인물은 돈 많은 부자도 아니고 정치가도 아닌, 프랑크푸르트 시의 문화 담당관인 호프만이라는 사람이다. 그의 눈물겨운 노력 덕분에 우리는 오늘날 마인 강변을 거닐며 박물관 여행도 할 수 있게 된 것이다.

프랑크푸르트의 박물관 컨셉은 뮌헨, 파리, 쾰른 등과는 다르다. 이들 도시들이 한 곳에 큰 건물을 지어 집중적으로 전시를 하고 있다면, 프랑크푸르트는 작은 규모의 박물관을 여러 개 지어 하나의 거대한 박물관 단지를 만들어 놓은 것이다. 큰 박물관의 장점은 한 곳에 모든 것을 모아 놓아서 한꺼번에 감상하기에 편하다는 것이나, 웅장함에 억눌려 편안한 마음으로 보기가 쉽지는 않다. 그뿐 아니라 실내에서는 금방 피곤해지기 때문에 박물관에서 서너 시간 이상을 보내기는 쉽지 않다. 예를 들어 루브르 박물관을 제대로 돌아보려면 1주일 정도가 필요하다. 이런 점을 감안하여 프랑크푸르트는 마인 강변을 따라 8개의 박물관을 나란히 지어서, 마치 가정집에 온 듯한 느낌을 가지고 관람을 할 수 있도록 만들어 놓았다. 아담한 정원을 통해 박물관 현관으로 들어가 편안한 마음으로 감상할 수 있게 해 놓은 것이다.

우리도 편안한 마음으로 여유 있게 박물관 여행을 떠나보자. 뢰머에서 출발하는 것이 일반적인 방법이고, 뢰머에서 역사 박물관을 지나 조금만 더 가면 마인 강이 나온다. 마인 강변을 산보하고 싶은 사람은 바로 강둑을 내려가 마인 강 북쪽을 산책해도 되고, 그곳에서 걷다가 벤치에 앉아 쉬어도 좋다. 물론 강 건너편도 산보하기에 좋다. 걷기가 힘들어진 사람은 다리 왼쪽에 있는 배를 타고 마인 강변과 라인 강변을 즐겨도 된다. 바로 이곳에서 로렐라이 등 여러 곳으로 가는 배를 이용할 수 있다.

마인 강변의 벼룩시장

마인 강변에 놓인 다리 이름이 아이제너슈텍이다. 이 다리를 건너 박물관 여행을 떠나보자. 다리 위에서 마인 강을 내려다보면 잔잔히 흐르는 물결 위에 온갖 이야기들이 함께 묻어오는 듯한 느낌을 갖게 될 것이다. 그러다 고개를 들면 마인 강변의 거대한 스카이라인과 대비되는 전원 풍경의 마인 강남쪽 강변이 눈에 띌 것이다. 예쁘게 단장한 플라타너스 가로수거리는 끝이 보이지 않을 정도로 동서로 어깨동무를 하고 서 있을 것이다. 강가에는 잔디밭이 길게 뻗어져 있고 사람들 이곳곳에 앉아 있을 것이다. 또한 벤치 위에는 연인들이 다정히 앉아있는 광경을 자주 보게 될 것이다.

이곳도 프랑크푸르트 시민들이 자주 산보를 나오는 곳이다. 그리고 이곳의 플라타너스 거리에서는 토요일 9시부터 오후 2시까지 벼룩시장이 열리는 곳이라, 온갖 잡동사니를 갖고 나와서 몇천 원이라도 받고 팔겠다는 평범한 시민들을 바로 만날 수 있다. 일반 시민들이 오랫동안 쓰다가 이제는 사용하지 않는 물건들을 가지고 나와서 팔고, 장사꾼들도 많이들 나와 중고품들을 판다. 또한 이곳에서는 생활용품뿐 아니라 온갖 골동품들도 함께 거래된다. 때와 먼지가 묻은 물건을 보면, 알뜰하게 살아가는 사람들의 모습이 보인다.

새 것을 좋아하는 우리들 입장에서 보면 한심하게 보일 수도 있는데, 이런 맥락에서 재미있는 것을 경험한 적이 있다. 필자가 어떤 집을 방문한 적이 있었는데, 이 집 주인은 털도 거의 다 빠지고 가죽은 온갖 때로 더럽혀진 인형을 자랑스럽게 보여 주며 "이 인형은 시아버지가 어릴 때 가지고 놀았고, 그리고 자신의 남편이 가지고 놀았고 이제는 자기 아들이 가지고 논다."고 자랑스럽게 말했다. 이것이 아이들의 교육에 좋다는 것이다. 우리로서는 이해하기 힘든 부분이지만, 그들은 오래된 것, 그리고 오래 사용할 수 있는 것을 선호한다.

다시 박물관 이야기로 돌아가서, 다리를 건너 서편으로 두 블록을 지나가자. 그러면 예쁜 건물 8개가 1마일의 길이로 나란히 열을 지어 있을 것이다. 이것들이 모두 박물관이다.

응용예술 박물관

제일 먼저 만나게 되는 것이 응용예술 박물관(Museum für angewandte Kunst)이다. 이 박물관은 건물 자체부터가 남다르다. 오래된 원래의 건물 옆에 새 건물을 지은 것이다. 1804년에 지어진 고전주의 양식의 건물 옆에 1984년에 새로 지은 건물을 합쳐 박물관으로 만들었다. 이백 년의 나이 차이가 나는 건물이 작지 않은 정원 속에 놓여져 있다.

출입구와 작은 분수대 그리고 산보길이 정원과 더불어 조화를 이루고 있고, 건물 내부와 외부는 눈치챌 수 없을 정도로 오묘하게 서로 연결되어 있다. 이런 설계의 컨셉은, 산보를 하듯이 박물관에 들어와서 감상을 하다가 다시 산보하는 기분으로 돌아가라는 것이다. 19세기 초에 지어진 건물과 20세기 말에 지어진 건물이 커다란 정원 안에서 어떤 조화를 이루고 있는지도 살펴보자.

이 박물관에는 유럽, 이슬람, 아시아 지역의 유명한 각종 공예품과 예술품이 진열되어 있다. 우선 유럽관에는 중세, 르네상스, 바로크, 로코코 시대의 각종 수공예품들이 전시되어 있는데, 중세관에는 유리제품, 석공예품, 교회의 예배 도구 및 가구들이 진열되어 있다. 르네상스관에는 유리잔과 가구, 금공예품, 도기, 시계 등 이탈리아, 독일, 프랑스의 온갖 예술품들이 전시되어 있다.

2층 전시관에는 9세기부터 19세기까지의 페르시아, 인도, 터키 지역의 예술품들을 질서 있게 진열해 놓았다. 페르시아 예술품은 주로 도자기와 양탄자를 중심으로, 인도 예술품으로는 모굴시대(1525~1857)를 중심으로 한 석조 예술과 보석 등이 주로 전시되어 있다. 중국 예술품으로는 도자기, 석조공예, 유리제품, 각종 칠기 제품 등이 전시되어 있는데, 특히 관심을 끄는 것은 기원후 550년경에 제작된 부처상이다. 그 섬세한 예술가의 손길이 이 낯선 곳에서 더욱 진가를 발휘하고 있다. 언젠가 한국 예술품도 넓은 자리를 차지하여 전시될 것을 기대하면서 발길을 돌리자.

그 옆에 있는 세계문화 박물관(Museum der Weltkulturen)은 다른 문화권에 관심이 있는 사람이 관람해볼 만하다. 이곳은 상설 전시보다는 특별 전시에 중점을 두고 있다. 프랑크푸르트에 살고 있는 180개 국가에서 온 주민들과, 근 30%에 달하는 외국인 주민 비율을 생각하면 이곳이 의미 있는 박물관이라는 생각이 들 것이다. 이런 사실을 염두에 두고 세워진 이 박물관은 문화 간의 상호 이해와 생활양식의 존중이 그 설립 목적이고 사회 조직, 자연 이해, 남녀관계, 삶과 죽음의 의미 등을 주된 주제로 하여 세계 각지의 문화를 전시한다. 물론 단순한 전시를 넘어 문화의 내용과 이념을 이해하도록 하는 데 그 목적이 있다.

혹 관심 있는 전시회가 열린다면 시간을 내어서 관람하자. 독일에서 수준 이하의 특별 전시회 또는 기획 전시회는 드물다. 그럴 경우에는 여러 비평가들의 비판을 받아 박물관 이미지에 큰 손상을 입기 때문이다.

영화 박물관

1976년에 영화에 관한 중요한 자료를 입수한 프랑크푸르트 시가, 그 귀중한 자료들을 일반인들도 즐길 수 있도록 하기 위

나란히 있는 영화 박물관과 건축 박물관.

해서 1984년에 개관한 것이 현재의 독일 영화 박물관(Deutsc-
hes Filmmuseum)으로, 지난 백 년 동안의 영화 역사, 영화 이론
및 미학 등에 대한 일견을 여기에서 얻을 수 있을 것이다. 1층
에는 초기 영화사에서 중요한 뤼미에르 형제의 영화 발명과
각종 카메라를 비롯한 영화 기술 관련 기계들이 전시되어 있
다. 2층 전시관에서는 20세기에 들어와서 눈부시게 발전하는
영화사를 보여주고 있는데, 각종 오리지널 장식품과 카메라,
음향녹음장치 등을 볼 수 있다.

　이곳은 영화 매니아가 아니더라도 한번쯤 발길을 들여놓
을 만하다. 또 월요일을 제외하고는 매일 영화를 상영하고
있기 때문에, 운이 좋으면 초기의 무성영화를 원음 연주와
함께 감상할 수도 있다. 영화 박물관의 프로그램은 쉽게 얻

어 볼 수 있는데, 초기 영화와 원 악보에 따른 연주는 우리나라에서는 볼 수 없는 것이라 초기 영화에 대한 색다른 애정을 갖게 된다.

그 다음은 건축 박물관(Deutsches Architekturmuseum)이다. 이 박물관은 '건축물이란 보는 것일 뿐 아니라 경험하는 것'이라는 설계자 웅어의 컨셉으로 1984년에 건립된 것이다. 이 박물관도 상설 전시회보다는 특별 전시회를 주로 개최하는데, 19세기와 20세기의 건축을 중점적으로 전시한다. 개인 건축가나 또는 건축학파를 중심으로 전시할 때도 있고, 도시 설계와 같은 주제를 가지고 전시를 할 때도 있다. 그리고 맨 위층에서는 상설 전시를 하는데, 주제는 '움막에서 마천루로의 변화', 즉 인류의 주거 공간이 어떻게 변해왔는지를 보여주는 것이다. 이 박물관에 있는 '집 속의 집(Haus im Haus)'도 매우 유명하다.

커뮤니케이션 박물관(Museum für Kommunikation)도 있다. 이 박물관은 원래 이 자리에 있던 우체국 박물관을 확대 개조한 것이다. 1878년에 개관했던 우체국 박물관을, 1990년에 우체국 창설 500주년을 맞아 커뮤니케이션 역사 전반을 다루는 박물관으로 바꾼 것이다. 여기에서는 커뮤니케이션의 방식, 방송과 텔레비전, 여행, 인터넷, 중계방송 기술 등을 주제로 하여 커뮤니케이션 기술의 발전 역사를 일별할 수 있도록 전시해 놓고 있다. 그와 더불어 지난 500년 동안의 우편 역사도 함께 관람할 수 있는데, 우편 마차, 텔렉스 장비, 최초의 전화기 등도 볼 수 있다. 만약 박물관에 입장을 했다면, 특히 베니

상 – 커뮤니케이션 박물관에 진열되어 있는 우편마차.
하 – 커뮤니케이션 박물관에 진열되어 있는 1930년대의 고급 텔레비전.

쉬라는 건축가가 설계하고, 유리를 주재료로 사용하여 위층까지 바라볼 수 있게 만들어 놓은 박물관 건물 자체도 유심히 관찰해볼 것을 권한다.

슈태델 박물관

슈태델(Städel) 박물관의 공식 명칭은 슈태델 예술연구소이지만 보통 줄여서 슈태델이라고 한다. 이 박물관은 원래 은행가인 슈태델의 개인 소장품 전시를 위한 작은 갤러리에서 출발했는데, 현재는 유럽에서 가장 유명한 회화 박물관 중 하나가 되었다. 이 박물관의 부속 기관으로는 도서관과 예술학교가 있다. 이 중에서 특히 예술학교는 쿠르베, 쉬빈트, 베크만 등과 같은 유명 화가를 배출하여 아주 유명하다.

여기서는 중세부터 현대까지의 회화를 두루 감상할 수 있다. 독일뿐 아니라 네덜란드, 프랑스, 이탈리아의 중세부터 20세기 전반부까지의 주요 작품들을 만날 수 있는 기회가 될 것이다. 예를 들어 중세 작품인 크라나흐의 성당 제단 그림은 잊지 말고 찾아보자. 그 그림에서는 장미가 뒤덮인 풀밭에 마리아와 예수가 함께 놀고 있는 모습을 볼 수 있다. 또 요셉, 마리아, 예수를 함께 그린 그림도 만날 수 있을 것이다.

이곳에서는 또한 렘브란트의 초기 작품으로 유명한 「눈 먼 심슨」을 감상할 수 있다. 심슨은 아내의 종족과 적대 관계에 있던 종족의 처녀를 사랑하게 된다. 그 사실을 알게 된 아내의 종족들은 그의 힘의 근원인 머리카락을 제거한 다음 심슨의 눈을 멀게 만든다. 렘브란트의 이 작품은 이러한 일화에서 영감을 얻어 탄생되었는데, 심슨의 드라마틱한 삶은 이 작품 속에서 강한 율동감과 뚜렷한 명암 대비를 통해 드러난다.

그 이외에도 들라크루아, 쿠르베, 세잔, 마네, 모네 등 유명한 프랑스 화가들의 그림을 이 박물관에서 감상할 수 있다. 세잔의 작품에서는 섬세한 색상으로 표현된 멋들어진 풍경화를, 마네의 작품에서는 빛과 색상으로 형상화한 인간과 자연의 풍요로운 모습을, 그리고 모네의 그림에서는 그의 네덜란드 여행을 그린 작품들을 주로 만날 수 있을 것이다.

이곳의 20세기 작품은 주요 표현주의 작가들의 것들인데, 드레스덴을 중심으로 한 다리파에 속하는 놀데, 헤켈, 뮐러 등의 그림과, 뮌헨을 중심으로 활동한 청기사파의 마르크, 마케 등의 작품 등이 이에 해당한다. 뿐만 아니라 초현실주의 작가에 속하는 에른스트의 「아침 풍경」, 윌체의 「위험한 소망」 등의 작품을 만날 수 있다. 클레의 작품으로는 「서커스 수레」와 「프랑크푸르트의 시나고그」 등이 있다.

이처럼 슈테델은 유럽 각국의 유명화가들의 작품을 한꺼번에 감상할 수 있는 회화의 보고이다. 이런 유명한 그림들이 2층과 3층으로 나뉘어져 있고 또 전시 공간이 꽤 넓으니 편안한 마음으로 감상하는 것이 좋을 것이다. 시간이 있다면 1층 카페에서 커피를 마시는 여유를 부리거나 방금 박물관에서 본 그림의 사본을 살 수 있는 서점에 들를 수도 있다.

리비히 하우스

고대부터 19세기 초까지의 조각품들을 모아놓은 리비히하우스(Liebieghaus)는 가장 오래된 2,500여 년 전의 조각품에서부터 고딕, 르네상스, 바로크, 로코코를 거쳐 고전주의까지의 조각품들을 망라하고 있다. 전시 작품 가운데에서 논란을 불러 일으켰던 것이 단네커 작품인 「표범 위의 아리아드네」이다. 그리스 신화에 나오는 아리아드네가 나체로 표범 위에 앉아 있는 모습의 조각인 이 작품은 프랑크푸르트의 은행가인 폰 베트만이 단네커에게 의뢰하여 만든 것인데, 이 작품에 대한 평가는 양극단으로 나뉜다. 예를 들어 빌헬름 폰 훔볼트는 아리아드네에 대해 '나체로 있는 데다 너무 뚱뚱하다'고 거부감을 나타낸 반면, 로베르트 슈만 같은 사람은 '이상적 여인을 최고의 형식으로 표현했다'고 칭찬했다.

만약 입장을 하게 된다면 전시 작품뿐 아니라 건축물에도 눈길을 한번 주기 바란다. 본관에 해당되는 건물을 탑, 파흐베어크 그리고 석재 등의 면에서 보면 19세기 말의 전형적인 건물에 해당되기 때문이다. 또한 공원, 건물 전시품이 멋들어진 합일을 이루고 있다. 그리고 이 박물관에 있는 조그마한 카페는 예술 애호가의 상징처럼 되어 있는 곳이다.

마지막에 만나게 되는 하우스 기어쉬(Haus Giersch) 박물관은 이 지역에 대한 특별한 관심이 있는 사람이라면 가볼 만하다. 프랑크푸르트와 그 주변의 예술 작품들 중 19세기부터

슈태델 박물관 앞에 있는 행인 전용 다리.

20세기 초까지의 것들을 교대로 전시하기 때문이다.

이제는 박물관 여행을 계속할 것인지 아니면 어두컴컴한 박물관의 실내를 벗어나 환한 햇빛 아래를 거닐 것인지 결정해야 한다. 아무리 여유를 갖고 즐겼다고 해도 서너 개의 박물관을 들렀으면 이젠 문화에 지쳤다고 할 수도 있을 것이다. 마인 강변을 거닐 생각이 아니라면 다른 박물관을 가더라도 교통편을 이용해서 일단은 이곳을 벗어나야 한다.

역동적인 중앙역

박물관 관람을 잠시 중단하고 마인 강을 다시 건너서 시내로 들어가 보자. 오던 방향을 조금 되돌아가면 보이는 홀바인 슈텍이라는 행인 전용 다리를 건너는 것이, 가던 방향으로 계속 가다가 큰 다리를 건너는 것보다 훨씬 운치가 있을 것이다. 그 다리를 건너 곧장 걸어가면, 좀 어수선하면서도 생동감이 넘치는 분위기를 느낄 것이다. 이곳은 프랑크푸르트 중앙역 부근의 외국인들 밀집 지역이다. 각국에서 온 사람들이 식당을 경영하기도 하고 동포들과 여행객들을 상대로 물건을 파는 가게들이 인상적이다.

조금 더 걸으면 왼쪽에 전차길이 보이고 큰 석조건물이 보일 텐데, 그것이 프랑크푸르트 중앙역이다. 이 건물은 19세기 말 프로이센이 한창 번성하던 시기에 지어진 것으로, 융성한 시기에 지어진 건물이라 힘이 넘치고 중후한 느낌을 줄 것이다. 건물 바깥의 시계 좌우에 있는 인물들은 아침과 저녁을 상징한다. 건물 안으로 들어서면 거대한 홀이 있는데, 많은 건축가들의 주목을 받는 부분이다. 건축 당시에는 독일에서 가장 큰 역사였지만, 라이프치히 역사가 더 크게 지어지면서 2위로 떨어진다.

오늘날에는 장거리 기차와 근거리 기차를 합쳐 하루에 무려 1,800여 편이나 운행되고 지상에만 25개나 되는 플랫폼을 통해 하루에 35만 명의 여객을 수송하는 유럽 제일의 역이다. 출퇴근시간에는 다양한 피부색의 사람들이 중앙역을 이용한다. 시내 임대료가 비싸서이기도 하지만, 일부러 풍광 좋은 시 외곽에 살고 싶어서 일만 시내에서 하는 사람들도 있다.

프랑크푸르트 중앙역사 바로 앞에서 시작되는 카이저가로 발길을 옮겨보자. 이 거리에 있는 건물들도 역 건물과 마찬가지로 국가 경제가 급속히 팽창하던 시기에 지어졌다. 제2차세계대전 중에 거의 완전히 파괴되기는 했지만, 부서진 것들 중 성한 부분을 이용하여 재건축했기 때문에 19세기의 흔적들은 어렵지 않게 찾아볼 수 있다.

역동적인 카이저가를 조금 더 걸어가 보자. 괴테 동상이 나타나면서 고층 건물들이 눈앞을 가로막을 텐데, 모두가 은행 건물이다. 은행 건물에 비해 왜소해 보이는 시성 괴테를 보면 또 다른 생각이 떠오를 것이다. 수많은 고층 건물에 짓눌리지 말고 아예 고층 건물에 올라가 시내를 한눈에 내려다보자. 그런데 관광객에게 개방된 고층 건물은 마인타우어(Main Tower)뿐이다. 노이에 마인처가(Neue Mainzerstr.)에 있는 이 건물의 54층으로 올라가 지상 200미터 높이에서 시내를 바라보면 고층에서 내려다보는 황홀감을 만끽할 수 있다.

유럽연합 중앙은행 앞에 있는 괴테 동상.

유대 박물관

다시 하루나 한나절을 박물관 여행에 더 보내게 된다면, 시른 갤러리와 프랑크푸르트 쿤스트페어아인(Frankfurter Kunstverein)을 빼놓아서는 안 된다. 국제적으로 명성이 높은 프랑크푸르트 쿤스트페어아인에서는 세계적으로 유명한 예술가의 작품을 주제에 따라서 전시한다.

역사에 관심이 많은 사람은 유대 박물관(Jüdisches Museum)에서 많은 것을 느낄 것이다. 프랑크푸르트는 프라하, 빈 등과 마찬가지로 유대인들이 많이 모여 살았던 곳이다. 이 유대인 박물관에는 유대인들이 독일에 최초로 정착하던 시기부터 유대인 게토가 강제로 철거되기까지의 시기를 전시하고 있다. 유대인들은 12세기에 프랑크푸르트에 진출하여 금융업 등에 종사했지만, 온갖 사회적 멸시와 차별 때문에 사회생활을 정상적으로 하지 못하고 고립되어 게토를 형성하게 된다. 그러나 18세기의 계몽주의와 프랑스 혁명, 그리고 유대인들의 자진 동화를 통해서 유대인들은 경제적·사회적 평등을 추구한다. 이리하여 19세기에는 프랑크푸르트의 경제와 문화에 결정적 역할을 한다. 하지만 나찌의 등장으로 유대인들은 다시 새로운 위기를 맞이한다. 이 중 안네 프랑크(『안네 프랑크의 일기』의 주인공)의 가족을 비롯한 3만 명의 유대인들이 외국으로 망명을 한다. 망명하지 못한 약 만 명의 유대인들이 이곳 프랑크푸르트에서 강제 노동 수용소로 실려가 죽음을 맞이한다. 유대인 박물관을 방문하게 되면 이런 역사적 사실과 그들의 일상 생활을 체험할 수 있다. 프랑크푸르트는 유대인과 각별한 인연이 있는 곳이어서 유대인 박물관은 더욱 중요한 의미를 지닌다.

채플린에 관심 있는 사람은 개인 소유의 채플린 박물관

(Chaplin-Archiv)에서 그가 출연한 영화는 물론이고 플래카드와 사진 그리고 책들을 볼 수 있다. 젱켄베르크 박물관(Natur-museum Senckenberg)에는 공룡의 뼈가 전시되어 있기 때문에 특히 아이들이 좋아한다. 자연에 관심 있는 어른들도 인류와 동물의 진화에 대해서 살펴볼 수 있다.

박물관 관람은 서양 시민들의 일상 문화생활의 일부이다. 이들의 일상과 문화를 알려면 시간을 내어 여유 있게 관람해 볼 필요가 있을 것이다.

시성 괴테와 함께 산책을

괴테의 고향

  프랑크푸르트는 괴테(Goethe: 1749~1832)가 태어나고 자란 곳이다. 프랑크푸르트 없는 괴테는 생각할 수 있어도, 괴테 없는 프랑크푸르트는 생각할 수조차 없다고 할 만큼 프랑크푸르트는 괴테와 밀착되어 있다. 아니 프랑크푸르트는 자신의 아들인 괴테를 세상에 자랑하고 싶어한다.

  시성 괴테의 이름을 들어본 사람이든 아니든, 괴테의 작품을 하나라도 읽어본 사람이든 아니든, 프랑크푸르트에 온 사람들은 갑자기 괴테의 친구가 되고, 괴테의 팬이 된다. 마치 프라하를 방문하게 되면 갑자기 우리가 카프카와 친숙해지는 것과 같다. 프랑크푸르트를 거쳐 간 사람들에게 괴테는 더 이상 먼 나라의 작가가 아니라 바로 내 이웃에 사는 작가로 변신하는 것이다.

괴테는 알려져 있다시피 『파우스트』와 『젊은 베르테르의 슬픔』 등으로 세계문학사에서 시성으로 통한다. 프랑크푸르트 시내에 있는 괴테 하우스에서 태어난 괴테는 이 도시에서 어린 시절을 보낸다. 그리고 16세가 되자 법학 공부를 하기 위해 라이프찌히로 떠난다. 그곳에서 폐렴이 발병하자 고향인 프랑크푸르트로 되돌아와 치료를 받는다. 그러나 나이가 들어서는 고향을 찾는 일이 드물었다.

프랑크푸르트는 자신이 배출한 시성을 기리기 위해 동상을 세우기도 하고 곳곳에 그의 이름을 붙이기도 했다. 괴테 문학상을 제정하여 그의 문학적 업적을 기리는 계기를 만들기도 했다. 또 각종 문화 행사는 가능하면 그의 탄신일에 맞추어 개최하기도 한다. 그만큼 프랑크푸르트 시민들은 자신이 낳은 세계적 시성을 어떻게 해서든 프랑크푸르트 시민으로 붙잡아 두려는 것이다. 또, 금융 도시로 알려진 프랑크푸르트를 괴테의 고향으로 부각시켜 문화 도시라는 이미지를 알리려고 하기도 한다. 즉, 이 도시에는 돈뿐 아니라 문화도 있다는 것을 세상에 널리 알리고 싶어하는 것이다.

괴테 하우스는 18세기 시민문화의 집약지

프랑크푸르트를 찾는 사람에게 괴테 하우스는 반드시 들르게 되는 필수 코스이다. 수많은 관광객이 찾는 곳이기 때문에

괴테 하우스.

좀 덜 붐비는 시간에 찾는 것이 좋을 것이다. 그렇지 않으면
키 큰 사람들 틈새로 흘깃흘깃 보아야 되는 불상사도 배제할
수 없기 때문이다. 괴테 하우스는 시성이 태어나고 자란 곳으
로만 의미가 있는 것은 아니다. 이 집에서 바로 그 유명한 『젊

은 베르테르의 슬픔』과 원본 『파우스트』를 집필한 것이다.

이곳은 또 문학사적 의미 말고도, 18세기 시민계층의 생활상을 알 수 있는 곳이기도 하다. 각 층은 18세기의 주요 건축양식 세 가지를 두루두루 보여주고 있기 때문이다. 예를 들면 1층은 바로크 양식이고, 2층은 로코코 양식, 그리고 3층과 4층은 루이 16세 양식으로 되어 있다. 보다 자세한 내용은 시간을 맞춰 가이드에게 들으면 더욱 생생하게 머리에 남을 것이다. 독일 가이드의 특징은 정확한 지식을 가지고 있으며, 아주 세세한 것까지 설명하기 때문이다.

괴테의 할머니가 구입한 이 집은 괴테의 아버지가 세상을 떠나자 그의 어머니가 팔아버린다. 괴테가 실제로 이 집에 머문 기간은 모두 합쳐 26년이 된다. 고색창연한 건물을 보고 있노라면 우리 모두는 숙연해지기 마련이다. 거기다 시성 괴테의 손때가 곳곳에 묻어 있다는 사실은 우리를 얼마나 경건하게 만드는가. 하지만 이 집은 제2차세계대전 중에 파괴되어 전후 1947년부터 5년에 걸쳐 복구된 것인데, 돌멩이 하나하나에 이르기까지 번호를 매겨가면서 거의 원형에 가깝게 복구하였다 한다.

제2차세계대전 당시 프랑크푸르트는 참혹하게 파괴되었는데 어떻게 원형에 가까운 복구가 가능할까 하는 질문이 나올 법하다. 그러나 독일의 문화재 복구 수준이 세계 수준급이라는 걸 감안하면, 원형에 가깝다는 가이드의 설명에는 큰 무리가 없을 것이다. 그런 기술은 그들의 철저함에서 나오지 않을

까 생각해 본다.

괴테 하우스는 큰 대로변도 아니고 그렇다고 괴테 가도 아닌 아주 좁은 골목에 위치하고 있는데, 그 거리의 이름은 그로서 히어쉬그라벤(Grosser Hirschgraben)이다. 문자 그대로 '큰 산양 물통'이라는 이름이 이 거리에 붙은 이유는 이 자리가 중세 때 프랑크푸르트 시에서 산양을 키우던 곳이기 때문이다. 그리고 괴테 생가가 있는 곳은 산양에게 물을 주기 위해서 땅을 파서 물을 가두어 두었던 곳이다. 그러다 그 후에 도시가 커지면서, 이 자리를 메워 그 위에 집을 지은 것이다

괴테는 독일인의 우상

프랑크푸르트뿐 아니라 독일 어디를 가더라도 괴테와 조금이라도 인연이 있었다면 그의 이름을 상업적인 목적에 이용한 곳을 볼 수 있다. 독일인들의 서가에 그의 작품이 꽂혀 있지 않는 집이 없을 정도로 괴테는 독일 사람들의 사랑을 받기 때문에, '괴테가 즐겨 앉았던 곳' 또는 '괴테가 며칠 묵었다'는 등의 기록을 내세우며 그와의 인연을 내세우는 것이다. 이처럼 괴테는 독일인들에게는 거의 신성시되어 있으므로, 괴테에 대해서 한마디쯤은 할 수 있어야 교양인 취급을 받을 수 있을 정도이다.

그런데 프랑크푸르트 시내에서 그의 이름을 간판에 내건 곳 가운데에 그와 무관한 곳도 여러 곳 있으니 괜한 상상을

할 필요는 없다. 예를 들어 괴테 생가에서 가까운 곳에 있는 괴테 가, 괴테 광장은 그와 아무런 상관이 없다. 물론 그의 집 앞이니 분명 그의 발길이 닿기는 했을 것이고, 만약 그가 오늘날 다시 나타난다면 이곳에서 팔고 있는 세계적인 명품을 한두 개 사서 그의 시와 함께 그의 연인에게 바칠지도 모르는 일이기는 하지만 말이다. 시 외곽남쪽 시립 산림 속에 있는 괴테 탑도 그와 무관하다. 또한 우리에게 프랑크푸르트 대학이라고 알려진 대학의 공식 명칭은 괴테 대학인데, 물론 괴테와 아무런 관련이 없다. 이 대학은 20세기 초에 생겼으니 괴테가 다녔을 리 만무하고 또 괴테 연구를 집중적으로 하는 곳도 아니다. 그럼에도 모두가 예쁘게 바라보고 자랑스러워한다. 그것은 세계적 시성이 태어난 곳이니 그를 기리고 칭송하기 위함이다.

프랑크푸르트에서 낭만적인 코스를 따라서 산책을 하려면 괴테의 족적을 피하기 어렵다. 그것은 그가 즐겨 걸었던 길들이 오늘날에도 이곳 프랑크푸르트 주민들의 사랑을 받는 산책로이기 때문이다.

이러한 산책은 독일인들이 즐겨 하는 것이니, 이를 통해 그들의 생활을 조금이라도 알 수 있을 것이다. 그런데 만약 독일인과 산책을 하게 된다면 사전에 알아야 할 것이 있다. 이들이 즐겨하는 산책은 간편한 복장을 하고서 경치 좋고 공기 좋은 곳을 거니는 것이다. 반면에 운동복으로 갈아입고 스포츠처럼 즐기는 '반드룽'이라는 것도 있다. 이것은 하루종일, 며칠 또는 장기간 걷는 것을 말한다. 또한 피크닉이라고 하면 경치 좋은 곳으로 이동하여 먹으면서 노는 것을 뜻한다. 그런데 이들 독일인들은 걷는 것을 좋아하여 보통 두세 시간을 걷는 것을 거리낌 없이 산책이라고 말하는 경우가 많다. 그렇기 때문에 사전에 이동 거리를 묻지 않고 따라 나섰다가는 잘못하면 발이 부르틀 수도 있다.

괴테의 산책로

괴테의 발자취를 따라 프랑크푸르트를 더 알고 싶은 사람은 복잡한 시내를 벗어나 시인이 즐겨 다니던 길을 좇아 걸어보면 좋다. 니다 강변을 따라 목가적 분위기를 느끼면서 조금을 걷다보면 브렌타노(Brentanopark) 공원을 만나게 된다. 여기가 시성 괴테가 즐겨 산책을 나선 곳이다. 호젓한 분위기가 넘치는 니다 강변의 브렌타노 공원을 걸으면서, 그는 연인 마리 안느에게 바칠 시를 지었다.

물론 괴테 생전에는 이곳을 브렌타노 공원이라고 하지 않았다. 프랑크푸르트 시가 이곳 출신의 유명한 낭만주의 시인을 기리기 위해서 근래에 이름을 붙였기 때문이다. 만약 괴테 당시에 그런 이름을 붙였다면 괴테는 가만히 있지 않았을 것이다. 괴테는 자신보다 어린 낭만주의자들의 시들을 항상 못마땅하게 생각했기 때문이다. 그러나 이 여류 시인과는 서신 교환을 갖기도 하여 일정한 관계를 유지했다.

아니면 시내에 위치한 그뤼네부르크 공원(Grüneburgpark)으로 발길을 옮겨보자. 14세기 때부터 이미 그뤼네부르크라는 이름으로 존재해 온 이곳은, 웅장한 나무들과 거대한 녹지로 많은 사람들을 유혹한다. 오늘날의 우리뿐 아니라 2백여 년 전의 괴테까지도 끌어들인 이곳은 실제로 괴테가 즐겨 산책을 나섰던 공원이다. 그의 집에서 그리 멀지 않은 시내에 위치하고 있으니, 큰 시간을 들이지 않고 그의 자취를 더듬어 볼 수 있을 것이다. 제법 넓은 공원이어서 주중에는 사람들도 별로 없이 한적하고, 아침이나 저녁나절에는 쓸쓸하기까지 하다. 만약 한여름에 이곳을 찾는다면 수영복 차림으로 햇살을 즐기는 예쁜 여인들이나 아예 발가벗고 햇살을 즐기거나 독서하고 있는 사람들을 어렵지 않게 볼 수 있기 때문에, 괴테 생각은 사라질지도 모른다.

또한 공원을 산책하다 보면 서쪽 편에 조그마한 쪽문이 눈에 띌 것이다. 이곳이 바로 프랑크푸르트 대학 소속의 작은 식물원이다. 지구상의 온갖 희귀식물들을 모아 놓은 곳으로, 우리나라의 여러 식물들도 이곳 타향에서 뿌리를 내리고 건강하게 잘 자라고 있다. 물론 괴테 생전에는 이 작은 대학 식물원은 없었다.

마인 강변에서의 낭만적인 산책

마인 강변에서도 괴테의 숨결을 느낄 수 있다. 뢰머에서 마인 강으로 가되 마인 강을 건너지 않고 오른쪽, 즉 서쪽으로 방향을 바꾸어 강변으로 내려가면 이곳 사람들이 니짜라고 부르는 곳이 있다. 미국, 중국, 코카스 지방 등에서 수입한 각종 나무들이 줄지어 있는 이곳은 1866년부터 1875년까지 겨울 항구로 이용되다가 1920년대에는 수영장으로 바뀌었다. 그러나 1950년대에 라인 강이 오염되면서 수영장으로서는 그 생명을 다하고 만다. 길이가 8백미터에 이르는 현재의 아름다운 산책로는 이때 만들어진 것이다.

마인 강변을 따라 이번에는 동쪽 방향으로 괴테의 발자취를 따라서 걷다보면 게르버뮐레(Gerbermühle)라는 강변의 아름다운 풍경에 정신을 빼앗기게 된다. 이곳은 오늘날에도 프랑크푸르트 시민들이 즐겨 산책을 가는 곳인데, 괴테 당시에는 프랑크푸르트 부자들이 여름 별장을 갖고 있거나 또는 주말 농장을 가지고 있던 곳이다. 이곳은 주위 풍경이 아름다울 뿐 아니라 프랑크푸르트 시내를 바라다 볼 수 있기 때문이다.

당시 은행가였던 빌레머의 여름 별장도 이곳에 있었는데, 괴테는 1815년 여름에 빌레머의 초대를 받아 이 별장에 오게 된다. 이때 괴테와 빌레머의 어린 부인인 마리안느는 이미 서로가 연정을 갖고 있는 사이였다. 괴테는 이미 그보다 한 해 전에 휘너벡 74번지, 즉 오늘날의 작센하우젠에 있던 빌레머의 다른 여름 별장에서 마리안느를 알게 됐기 때문이다.

빌레머는 휘너벡의 여름 별장을 1810년에 구입했는데, 괴테는 1814년에 그곳으로 초대를 받아 처음으로 어린 마리안느를 알게 되었고 그 연정을 작품에 반영하게 된다. 괴테와

마인 강가에서 바라본 프랑크푸르트 시내.

마리안느와의 관계는 상당 기간 지속되었고, 그녀에 대한 연정은 문학작품 속에 용해된다. 뿐만 아니라 괴테는 그녀의 아름다운 시를 자신의 것인 양 슬쩍 그의 시집에 끼워 넣기도 했다.

괴테가 어린 마리안느를 처음 만났을 당시 나이는 65세였다. 운명적인 첫 만남을 가졌던 작센하우젠의 빌레머 호이스헨은 오늘날 조그마한 박물관으로 변해 있고, 그들의 연정이 지속된 게르버뮐레는 오늘날 프랑크푸르트 주민들이 즐겨 찾는 식당 겸 술집(도이취헤렌우퍼 105번지)으로 바뀌어 있다.

알려져 있다시피 괴테의 연애 사건은 이것뿐이 아니다. 일생 내내 숱한 연인들과 연애를 즐겼는데, 그때마다 그는 새로운 작품 세계를 창조해 낸다. 그래서 그는 『파우스트』에서

"여인이 우리를 영원으로 이끈다"고 말하는지도 모르겠다.

작가들의 연애 사건은 문학사에서 흔한 일이다. 그 중에서 가장 유명한 사건 중의 하나가 시인 횔덜린의 연애이다. 프랑크푸르트에서 일어난 그의 연애 사건은 스캔들이라서가 아니라 연정이 문학적으로 승화되었기 때문에 더욱 유명하다. 시인 횔덜린은 은행가인 곤타르 집에서 가정교사를 하다가 여주인에게 반한다. 결국 그것이 발각되어 쫓겨난 뒤 방랑길로 들어서게 되는데, 횔덜린은 그녀를 디오티마라고 명명하여 영원한 여인으로 우상화시킨다. 그녀가 바로 그리스 정신이 승화된 인물이라는 것이다.

로렐라이

로렐라이는 자동차로도 갈 수 있지만, 마인 강변에서 로렐라이로 배를 타는 것이 더욱 운치가 있고 낭만적이다. 이런 배 여행은 독일 시민들이 멋을 내며 여행을 하는 방법이기도 하다. 물론 이런 짧은 거리뿐 아니라 수 주일 동안 지중해나 대서양을 따라 여행하는 사람들도 많이 있다. 많이 알려진 영화 「타이타닉」에서 보는 것 같은 그런 여유를 즐기는 것이다.

뢰머와 가까운 마인 강변에는 여러 곳으로 향하는 배들이 있다. 그 배를 타고 마인 강을 지나 라인 강으로 들어가 로렐라이 언덕으로 가면 강의 양 옆에 쭉 늘어선 그림처럼 예쁜 포도밭을 만날 수 있다. 가파른 경사에 촘촘히 들어선 이 포도

라인가우의 가을 포도밭 풍경-요하니스베르크 성(ⓒ Schloss Johannisberg).

들이 유명한 라인가우 포도주의 원료가 된다. 여름 혹은 겨울
에 상관없이 이 뱃길은 아름다운 나들이 길이다. 포도주나 맥
주를 한 잔 시키고 뱃전에 기대어 낭만에 젖다 보면 이 세상
이 아닌 또 다른 세계에 있다는 느낌이 들 것이다. 내려서 골
목골목을 돌아다니면 마치 울퉁불퉁한 길 위를 금방이라도 중
세의 마차가 달려올 듯한 착각이 들 만큼 건축양식과 도로 등
이 중세 분위기를 자아낸다.

 뱃전에 기대어 라인 강과 그 양쪽의 풍경에 흠뻑 젖어 있노
라면 어느새 로렐라이에 다가와 있을 것이다. 동화 같은 마을
들과 그림 같은 고성들 그리고 나란히 정렬된 포도밭을 바라
보노라면 벌써 도착했나 하는 아쉬움이 들게 마련이다. 로렐
라이 언덕이 다가오면 로렐라이 전설을 생각하면서 노래를 흥

얼거려보자.

  옛날부터 전해 오는
  쓸쓸한 이 말이
  가슴속에 그립게도
  끝없이 떠오른다

  구름 걷힌 하늘 아래
  고요한 라인 강
  저녁 빛이 찬란하다
  로렐라이 언덕

  저편 언덕 바위 위에
  어여쁜 아가씨
  황금빛이 빛나는 옷
  보기에도 황홀해

  고운 머리 빗으며
  부르는 이 노래
  마음 끄는 이상한 힘
  노래 속에 흐른다

  괴테를 따라 산책을 하고, 뱃길로 로렐라이까지 다녀왔다
면, 아이제너슈텍 다리 옆에 있는 '리버사이트 디너'라는 선상

식당에서 저녁식사를 하며 낭만적인 하루를 마무리 짓는 것도
좋겠다.

독일 최고의 라인가우 포도주

　라인가우 포도주에 대해 더 알고 싶거나 라인가우 지방의
예쁜 풍광을 즐기고 싶은 사람은 뱃길이 아닌 도로를 이용하
면 좋다. 1973년에 제정된 라인가우 리슬링 루트는 플뢰스하
임-비커(Flörsheim-Wicker)에서 로르히하우젠(Lorchhausen)에이
르는 70여 킬로미터를 지칭하는 것이다. 이 도로를 따라 여행
을 하게 되면 라인가우 지방의 문화와 전통을 쉽게 만날 수
있다. 우리 나라에는 모젤 지방의 포도주가 많이 알려져 있지
만, 실제로는 라인가우의 리슬링 포도를 가지고 만든 포도주
가 한 단계 위로써 독일 최고의 백포도주를 생산한다고 알려
져 있다. 무엇보다 라인가우 지역은 뒤쪽의 타우누스 산맥과
앞 쪽의 라인 강이 바람을 막아 1년 내내 온화한 기후를 유지
할 수 있다. 게다가 이곳은 눈 내리는 날짜가 다른 데보다 더
적고, 강수량이 연 550밀리미터에 불과하여 포도생산에 적절
하다.
　'포도의 왕'이라는 별칭을 가진 리슬링 포도는 이곳에서 생
산되는 전체 포도의 81%를 차지한다. 포도를 생산하는 농가
는 1,500가구가 되지만, 그 중 5헥타르가 넘는 포도농장을 가
지고 있는 사람은 138가구에 불과하고 나머지는 소규모의 포

83

에버바흐 수도원의 포도주 저장 창고(ⓒ Hessischer Staatsweingüter GmbH).

도밭을 가지고 있다.

주점에 들러 만약 일행이 라인가우 포도주 한 병을 시켰다면 아끼지 말고 금방 마셔야 제 맛을 알 수 있을 것이다. 이 포도주는 공기 중에 노출되면 금방 맛이 변하기 때문이다. 그러나 만약 독일 적포도주를 즐기려는 사람들은 약간 실망할 것이다. 일조량이 적은 독일 포도로 만들어진 적포도주는 너무 연하기 때문이다. 프랑스 적포도주가 많이 알려져 있기는 하지만, 포도주 매니아들은 별로 즐기지 않는다. 대신 이들은 이탈리아 적포도주와 스페인 적포도주를 좋아한다. 이 적포도주들은 힘이 넘치고 다양한 맛을 내기 때문이다. 최근에는 캘리포니아, 칠레, 남아프리카 등이 적포도주 산지로 유명해졌다.

라인가우 지역에서 생산된 포도주는 9월이면 곳곳의 포도주 제조농원에서 시음회 행사를 하는데, 관광객들은 이 포도주를 즐기기 위해서 전국 곳곳에서 몰려든다. 이때 갖가지 문화행사가 이곳에서 동시에 개최되어 예술과 포도주가 어우러진 멋진 문화잔치가 벌어진다. 클래식에서 재즈까지 이르는 연주회, 고전문학에서 아방가르드문학에 이르는 문학낭송회 등 다양한 행사들이 있다.

이때에는 고성, 교회 수도원 또는 포도농원 등에서 온갖 종류의 음악회, 합창회 등도 열린다. 이중 가장 유명한 것이 에버바흐 수도원(Kloster Eberbach)에서 열리는 오케스트라 콘서트와 합창대회이다. 여름 동안 이 수도원에서 수준급의 음악회가 한동안 열려, 포도주 애호가와 음악 애호가를 불러들이는데, 이 수도원에서 생산되는 포도주 또한 수준급이다.

욕심을 더 내어서 이 수도원에서 하룻밤을 보내는 것은 특별한 감동을 줄 것이다. 12세기에 건립된 이 수도원은 중세 수도원 건축 양식을 알 수 있는 좋은 본보기이다. 이 수도원은 유럽에서 가장 잘 보존된 수도원에 해당될 뿐만 아니라, 영화 「장미의 이름」의 촬영 장소로 더 많이 알려졌다. 독일인들은 새로운 것을 좋아하는 우리들과는 달리, 이런 전통 있는 시설들을 즐긴다. 크라스 성(Burg Crass)도 뛰어난 전망을 보여주는 테라스와 식당으로 유명하다. 방이 7개밖에 없는 곳으로 라인강을 바라볼 수 있는 방은 단 4개에 불과해서 예약이 꼭 필요한 곳이다.

동화의 도시로 산책을

숲으로 둘러싸인 도시

프랑크푸르트는 웅장한 자연 속에서 동화처럼 예쁘게 펼쳐진 도시이다. 이 도시를 인상 깊게 하는 것이 고층 건물의 스카이라인이긴 하지만 시내에 크고 작은 공원들이 수없이 있어서 언제든 자연 속을 거닐 수 있다. 괴테가 자주 산책을 했다는 그뤼네부르크 공원, 브렌타노 공원, 마인 강변 이외에도 언급할 만한 곳은 많다.

폰 베트만 공원 한 모퉁이에는 중국 공원이 있다. 프랑크푸르트 사람들은 생긴 지 얼마 되지 않은 이곳을 즐겨 찾아 일상 생활을 잊고 이국적인 정취를 맛보며 여유를 즐긴다. 9만

평에 이르는 렙슈톡 공원은 역사적으로도 재미있는 곳이다. 이곳은 1909년에 채플린의 비행선 Z II가 착륙을 한 곳이고, 현재의 공항이 개항하기 이전인 1936년까지는 공항으로 사용되기도 했다. 그러나 1950년대에 거대한 공원으로 탈바꿈하였고 최근에는 큰 수영장이 현대식으로 개장하여 여유 있는 한나절을 보내기에 그만이다.

숲 속을 거닐고 싶다면 시립 삼림지대(Stadtwald)가 있다. 1,500만 평에 이르는 거대한 숲이 방문객을 압도할 것이다. 시립 삼림지대와 슈반하임 숲은 실제 연결되어 있고 이는 계속해서 오펜바흐 숲으로 이어진다. 평지에 심어진 거대한 인공림은 수십미터의 거대한 나무들이 하늘을 가려 낮에도 어둑어둑하며 조금만 숲속으로 들어가도 피부로 상쾌함을 느낄 수 있다. 시 중심지에서 불과 3킬로미터 떨어진 곳에서 광활한 원시림을 만끽하는 셈이다.

크론베르크는 꿈의 주거지

크론베르크(Kronberg)는 프랑크푸르트 시내에서 아주 가까우면서도 거대한 타우누스 숲 속에 있는 작은 도시이다. 프랑크푸르트 사람들은 이 낭만적인 옛 도시를 이상적인 주거지로 생각한다. 도시 자체가 숲 속에 위치하는 데다가 대부분의 집들이 뢰머베르크에서 본 것 같은 집들로 구성되어 있기 때문에 크론베르크는 아름다운 중세 분위기를 풍긴다. 철근과 콘

크론베르크 시청.

크리트로 이루어진 프랑크푸르트 시내가 돈이라는 현실원칙
이 지배하는 세계라면, 이 크론베르크는 꿈과 낭만이 지배하
는 동화의 세계다. 이곳에 도착하면 휘둥그렇게 된 눈과 떡 벌
어진 입을 보이며, '아 ! 그래서 모두가 이곳에 살고 싶어 하는
구나.'하는 생각이 저절로 들 것이다.

　프랑크푸르트 시내에서 세계의 돈을 만지는 큰 부자들은
바로 이 크론베르크에 산다. 퇴근을 하게 되면 재빨리 현실 세
계를 벗어나 낭만의 세계로 돌아와 이곳에 묻혀 지낸다. 이곳
에서는 서울 부자와는 전혀 다르게 살아가는 독일 부자를 만
나 볼 수 있을 것이다. 그들은 대기업의 사장, 은행의 고위층
등으로 알트쾨니히 산자락 남쪽에 주로 살면서 환상적인 호텔

인 슐로스 호텔의 바에서 만나 정담을 나누고, 그들의 자녀들은 이곳에서 그들끼리 승마를 배우고 골프를 배운다. 이곳에 살 여유가 없는 사람들은 대개 꿈을 꾸며 산책을 나온다. 한적한 동네이므로 어느 때 나서도 낭만적인 분위기를 느낄 수 있지만, 프랑크푸르트 사람들과 함께 어울려 산책을 하고 싶으면 토요일이나 일요일이 좋을 것이다.

눈 내린 겨울에는 동화의 도시

크론베르크를 산책하기에는 한적한 여름밤도 좋다. 여름의 이곳은 해가 한국보다 한참 길어서 저녁 9시가 넘어도 어둡지가 않기 때문에 여유롭게 산책을 즐길 수 있다. 가게들은 이미 문을 닫아 길거리에는 사람이 드물고 불이 켜져 있는 아름다운 쇼윈도만을 구경할 수 있을 것이다. 이곳 주민들은 주로 집 안에 있을 것이기 때문에 길거리에서 마주치는 사람은 거의 없겠지만, 혹 외진 곳에서 누구를 만나더라도 놀랄 필요는 없다. 이곳은 아주 안전하기 때문이다.

그러나 정말 동화 같은 세계를 만나려면 12월 눈이 듬뿍 내린 저녁에 이곳을 찾자. 완전히 별천지로, 온 세상이 눈 천지다. 타우누스 숲도 눈을 뒤집어쓰고 있고 몇백 년이나 된 예쁜 집들도 눈에 파묻혀, 현실이 아닌 동화의 세계를 만들어 낸다. 좁은 골목 여기저기를 걷다 보면 내가 있는 곳이 이 세상인지 아니면 다른 세상인지를 구분하기 힘들 것이다. 또는 내가 지금 21세기에 머물고 있는 건지 아니면 서양 중세로 타임머신을 타고 왔는지 헷갈릴 수도 있다. 어쩌면 영화에서 본 것처럼, 말을 타고 창을 든 중세의 기사가 금방이라도 골목 귀퉁이에서 달려 나올 것 같은 환상을 느낄지도 모른다. 설사 기사가 나타난다고 해도 놀라지 않을 것이다. 우리는 지금 동화의 세계 속에 머물고 있으니까.

운이 좋아서 눈을 만난 사람은 내친 김에 르-라방두 가 (Le-Lavandou-Straße)까지 산책을 하자. 거기서는 프랑크푸르트의 스카이라인과 시내를 한눈에 내려다 볼 수 있기 때문에, 동화의 세계와 현실 세계를 대비해 볼 절호의 기회다.

이곳 크론베르크가 동화 같은 분위기를 띠기 시작한 것은 백여 년 전부터이다. 정확히는 빅토리아 여제가 19세기 말에

호텔로 개조된 프리드리히스호프.

이곳 타우누스 기슭에 성을 짓게 한 이후부터이다. 이때 지어진 성 프리드리히스호프는 영국 남부 지방의 분위기도 함께 만들어 내는데, 그것은 이 성에 사용된 건축술이 이 지역의 파흐베어크 건축 양식, 독일 르네상스 건축 양식, 그리고 영국 튜더 고딕 양식 등이 섞여 있기 때문이다. 여제가 머물기도 한 이 성은 제2차세계대전 후에 슐로스 호텔로 바뀌게 된다. 이 호텔에는 돈 많은 사람들만 모이는 곳뿐 아니라, 세계 정상들이 모여 G-7 정상회담을 연 곳으로 더욱 유명해졌다.

타우누스 산 속의 동화 도시들

크론베르크가 놓여 있는 산능선을 타우누스라고 한다. 경사가 완만하여 구릉 같지만 부근에서 제일 높은 펠트베르크 봉우리는 해발 879미터이다. 이 타우누스는 로마제국이 국경선으로 삼은 곳이기도 하다. 국경선을 자주 침범한 게르만족으로부터 제국을 지키기 위해 로마 제국은 여기에 국경선을 설정하고 군인을 상주시켰다. 프랑크푸르트에서 조금 떨어진 바트 홈부르크 등은 당시 로마군인들의 주거지로 이용되기도 했다. 요즘도 가끔 로마 시대의 유물들이 나온다고 하는 것이 그때의 이야기를 상기시켜 주는데, 로마군은 그 후 4세기 때 이곳으로부터 철수하고 만다.

로마 기록에 따르면 키 큰 게르만인들이 숲 속에서 불쑥 나타나서 로마 국경선을 넘어 로마인들을 괴롭히고는 다시 숲

속으로 돌아갔다는 것이다. 2천년 전 로마인들이 게르만인들을 무서워했다는 역사를 생각하면서 타우누스 숲 속을 걸어보면 색다른 재미를 느낄 수 있다.

이곳의 최고 봉우리 펠트베르크는 프랑크푸르트 사람들이 자주 찾는 곳이다. 정상까지는 차를 타고 올라갈 수도 있고 걸어서 올라갈 수도 있다. 정상에 올라서면 시원한 바람과 함께 사방이 확 트여 있어 동서남북으로 수많은 작은 도시들과 커다란 프랑크푸르트를 함께 바라볼 수 있다. 괴테가 '바로 그 산'이라고 칭한 타우누스는 그 길이가 무려 75킬로미터에 달한다. 타우누스의 위용을 느끼는 동시에 타우누스 숲에 푹 담겨져 있는, 정말 그림처럼 예쁜 수많은 마을들도 보일 것이다.

크론베르크에 이웃한 괴니히슈타인에서 찍은 파흐베어크 건축.

'저런 곳에 사는 사람들도 늙어서 죽을까?'하는 생각이 드는 아름다운 마을들이다.

아름다운 프랑크푸르트 주변 도시들

비단 크론베르크뿐만 아니라 프랑크푸르트 시 경계를 조금만 벗어나면 그림처럼 아름다운 풍경이 동서남북으로 펼쳐진다. 끝없이 펼쳐지는 나지막한 언덕이 예쁜 꽃들과 나무들로 덮여 있고 그 사이로 동화 속에서나 나올 법한 고색창연한 마을들이 살며시 숨겨져 있다.

프랑크푸르트 시의 동쪽 외곽으로 가면 바트 오어프(Bad Orb), 비스뷔트(Wiesbütt), 밤베어거 뮐레(Bamberger Mühle)와 같은 도시들을 중심으로 그림 같은 풍경이 펼쳐진다. 66번 고속도로를 타고 풀다 방면으로 가면 아름다운 도시 바트 오어프를 만날 수 있다. 이 도시는 땅에서 솟아나는 소금물로 소금을 만들어 천 년을 버틴 곳이다. 현재는 휴양지로 탈바꿈한 곳으로 구시가지의 좁은 골목을 거닐면 중세의 낭만적 분위기를 느낄 수 있다. 비스뷔트 부근은 아름다운 자연을 자랑한다. 밤베어거 뮐레에서는 수정처럼 맑은 물과 그 안에서 뛰노는 송어를 볼 수 있다. 그 옆의 식당에는 아주 오래된 물방앗간이 있다.

프랑크푸르트를 서쪽으로 벗어나면 포도주로 유명한 라인가우를 중심으로 수많은 옛 도시와 구릉 그리고 라인 강이 어우러져 신비로운 분위기를 자아낸다.

남쪽으로 내려가 보면 끝도 보이지 않는 거대한 숲인 오덴발
트가 있고 그 숲 곳곳에 자리잡고 있는 낭만적 분위기의 옛 도
시인, 미헬슈타트(Michelstadt), 벤스하임-아우어바흐(Bensheim-
Auerbach)와 같은 도시가 나타난다. 미헬슈타트 시청사는 독일
에서 가장 많이 사진이 찍히는 건물 중의 하나이다. 거기서 울
리는 종소리를 들으며 유명한 카페인 베른트 지페어트(Bernd
Siefert)에 가서 케이크를 즐겨보자. 이른바 니벨룽겐 도로라는
별칭을 가진 국도 47번을 따라가다 아모르바흐에 가면 분위기
있는 맥주집 빌트파 오일바흐(Wildpark Eulbach)를 만날 것이
다. 영국식 공원으로 다듬어진 이곳에서 야생 동물 요리와 수
준급의 와인을 맛볼 수 있다.

프랑크푸르트 시내를 벗어나 북쪽으로 가면, 뷘딩엔(Bündi-
ngen)과 바트 잘츠하우젠(Bad Salzhausen)과 같은 옛 도시가 거
대한 숲 속에 한 송이 꽃처럼 수놓여 있다. 뷘딩엔은 별로 알
려지지 않은 도시이지만, 아름다운 옛 건물들이 자연과 조화
를 이루고 있는 곳이다. 그 중에서 13각형으로 지어진 바서부
어크(Wasserburg)는 압권이다. 바트 잘츠하우젠에서는 온갖 미
네랄이 함유된 온천을 즐길 수도 있다.

독일 사람들은 자연과 함께 있는 것을 아주 중요하게 생각
한다. 주택도 숲과 꽃들이 없는 곳이라면 가치가 없다고 생각
하고, 자신이 사는 도시에 녹지 공간이 적다고 생각하면 경멸
한다. 직장도 자연과 가까이 있으면 더 선호하고, 주말이나 휴
가도 자연 속에서 보내려고 한다. 독일인들이 프랑크푸르트를

사랑하는 이유는 이 도시에 고층 건물만 있는 게 아니라, 도시 안팎에 아름다운 자연과 함께 예쁜 고도가 공존하고 있기 때문일 것이다.

프랑스엔 〈크세주〉, 일본엔 〈이와나미 문고〉, 한국에는 〈살림지식총서〉가 있습니다.

📱 전자책 | 🔍 큰글자 | 🔊 오디오북

프랑크 푸르트 괴테와 박물관의 도시

펴낸날	초판 1쇄 2005년 4월 10일
	초판 3쇄 2020년 6월 25일
지은이	이기식
펴낸이	심만수
펴낸곳	(주)살림출판사
출판등록	1989년 11월 1일 제9-210호
주소	경기도 파주시 광인사길 30
전화	031-955-1350 팩스 031-624-1356
홈페이지	http://www.sallimbooks.com
이메일	book@sallimbooks.com
ISBN	978-89-522-0356-4 04080
	978-89-522-0096-9 04080 (세트)